ANTON ROTZETTER

Zukunft,
die Hoffnung
verheißt

ANTON ROTZETTER

Zukunft, die Hoffnung verheißt

Franziskanische Perspektiven für eine globale Gerechtigkeit

echter

Bibliografische Information der Deutschen Nationalbibliothek

Die Deutsche Nationalbibliothek verzeichnet diese Publikation
in der Deutschen Nationalbibliografie; detaillierte bibliografische
Daten sind im Internet über ‹http://dnb.d-nb.de› abrufbar.

1. Auflage 2014
© 2014 Echter Verlag GmbH, Würzburg
www.echter-verlag.de

Umschlag: wunderlichundweigand.de (Foto: gettyimages)
Satz: Hain-Team (www.hain-team.de)
Druck und Bindung: CPI – Clausen & Bosse, Leck
ISBN
978-3-429-03696-6 (Print)
978-3-429-04752-8 (PDF)
978-3-429-06166-1 (ePub)

Inhalt

Vorwort

In seiner Regel spricht Franz von Assisi von der Gerechtigkeit, die wir den Armen schulden und die durch Jesus von Nazareth erworben ist. Mit anderen Worten: Die Armen haben von Christus her einen Anspruch, von den Menschen Hilfe zu erfahren, welche dazu in der Lage sind. Dieses Postulat geht weit über dasjenige hinaus, was sich aus einem bloß humanen Ansatz heraus sagen lässt. Das heißt aber auch, dass die Kirche und die Christen in besonderer Weise gefordert sind.

Papst Franziskus spricht darum zu Recht angesichts des schrecklichen Flüchtlingsschicksals bei der italienischen Mittelmeerinsel Lampedusa von „Schande". Der vieltausendfache Tod dürfte und würde nicht sein, wenn wir Menschen bzw. Christen mehr Gerechtigkeitssinn und Empathie für das Leiden empfänden. Er prägt das eingängige Wort von der „Globalisierung der Gleichgültigkeit".

Welch glückliche und provokative Wortwahl! Papst Franziskus übersetzt damit das mystische Globalisierungsprogramm des hl. Franz von Assisi in ein ethisches Verhalten. Während der mittelalterliche Heilige in allen Geschöpfen (Steinen, Pflanzen, Tieren, Menschen) Brüder und Schwestern erkennt und zu einem umfassenden Lob des Schöpfers einlädt, fordert der Papst Empathie und Solidarität mit den Flüchtlingen. Lampedusa ist nur der besonders schreckliche Ort eines umfassenden menschlichen und christlichen Defizits.

Der Papst demaskiert die diesbezügliche Politik ganz allgemein und in besonderer Weise auch jene der sogenannt christlichen Politiker, die immer noch eine menschenunwürdige Flüchtlingspolitik und Gesetzgebung fördern. Und das Schweizervolk ist ihnen bei der Einschränkung des Asyls darin gefolgt, ohne dass es das unermessliche Leid der Flüchtlinge und die dahinterliegenden Ursachen zur Kenntnis nehmen wollte.

Papst Franziskus erfährt viel Zustimmung. Aber haben wir wirklich begriffen, dass wir Europäer durch die Art unseres konsumistischen Lebensstils eine der Mitursachen sind für das Problem der sogenannten Wirtschaftsflüchtlinge? Wir überschwemmen afrikanische Märkte mit unserer Überproduktion, vor allem auch mit Obst, Gemüse und Fleisch, und verunmöglichen einheimischen Bauern das eigene Einkommen. Wir lassen auf lateinamerikanischem Boden Soja und anderes anpflanzen, damit wir unser tägliches Fleisch, auf dem Teller haben. Dass dabei Bauern von ihrem Land vertrieben und ins Elend getrieben werden, ist uns gleichgültig. Ich würde mir wünschen, dass dieser Aspekt der globalisierten Gleichgültigkeit auch von den offiziellen Stellen der Kirchen erkannt würde und besonders auch von den Orden in die tägliche Lebensstilgestaltung einflösse.

Mit Berufung auf Franz von Assisi sagt der große französische Schriftsteller und Philosoph Jean Bastaire, der im August 2013 verstorben ist: „Mein Projekt einer neuen geistlichen Bewegung berief sich ausdrücklich auf das Patronat des Franz von Assisi. Denn es ging dabei wie beim Kleinen Armen darum, den Reichtum dieser Welt abzulehnen. In unseren Tagen besteht dieser im Konsumismus, in der Anhäufung der Güter und im Rausch des Konsums.

Heilige und Weise mussten sich dabei immer übergeben. Heute ist neu, dass der Konsumismus „demokratisiert" wurde. Alle nehmen daran teil, wenigstens in den abendländischen Gesellschaften, mit Ausnahme einer kleinen Minderheit, die davon ausgeschlossen ist. Ich wollte zwar nicht eine so radikale Revolution vorschlagen, wie sie Franziskus mit seiner Hingabe an die totale Entleerung Christi am Kreuz bewerkstelligte. Aber der Demokratisierung der Exzesse und der Verschwendung wollte ich die Demokratisierung der Zurückhaltung, der Schonung und der Ehrfurcht entgegensetzen. Die verachtungswürdige Gier und die raubtierartige Ernährungsweise wollte ich durch den nüchternen Gebrauch und die Dankbarkeit ersetzen. Diese Mystik des ‚small is beautiful' schien mir weniger fordernd zu sein als der totale Verzicht."[1] Und dann spricht Bastaire von der Empfindungslosigkeit und von der allgemeinen „Anästhesie", welche gerade auch die Christen und die Kirchen befallen hat gegenüber dem „Martyrium der Schöpfung und der allgemeinen Verachtung der Geschöpfe Gottes"[2]. Für den Autor gründet die Auffassung des Franz von Assisi, dass der Stein, die Pflanze, das Tier und der Mensch einander Bruder sind und Schwester, in der kosmischen Vaterschaft Gottes. Deswegen braucht es heute eine Spiritualität der „Compassio", die das Leiden der Geschöpfe als eigenes Leiden leidet. Aus dieser Empathie heraus wird dann auch der gerechte Anspruch der Geschöpfe auf Hilfe und Solidarität, auf Respekt und Schonung erkennbar.

---

1 H./J. Bastaire, Un nouveau franciscanisme, Parole et Silence, 2005, 11
2 H./J. Bastaire, Lettre à François d'Assise sur la fraternité cosmique, Parole et Silence , 2001, 11

In dieser allumfassenden „Weltanschauung" habe ich von Franziskus her eine Reihe von Artikeln[3] geschrieben, die eine lebens-, menschen- und tierfreundliche Spiritualität erstreben und vermitteln wollen. Sie sind nun in diesem Buch zusammengefasst und eigentlich bloß Fragmente, die beispielhaft einige Denkanstöße geben wollen. Der Ausgangspunkt der Überlegungen ist meist ein Text des Zweiten Vatikanischen Konzils oder eine andere Äußerung der offiziellen Kirche. Teils kritisch, teils weiterführend werden sie in heutige Kontexte gesetzt. Sie vertrauen darauf, dass sie in Papst Franziskus Verständnis und exemplarische Verwirklichung finden.

Freiburg/Schweiz, Januar 2014

---

3 Ursprünglich geschrieben für den franziskanischen Grundkurs: http://www.ccfmc.net/ – Ausdrücklich möchte ich darauf hinweisen, dass einige Passagen da und dort eingegangen sind in mein Buch: Franziskus – ein Name als Programm, Kevelaer 2013

Wider die vielfältige Krise:

Hoffnung, die Zukunft verheißt

„Gewiss ist die Menschheit in unseren Tagen voller Bewunderung für die eigenen Erfindungen und die eigene Macht; trotzdem
wird sie oft ängstlich bedrückt durch die Fragen nach der heutigen
Entwicklung der Welt, nach Stellung und Aufgabe des Menschen
im Universum, nach dem Sinn seines individuellen und kollektiven Schaffens, schließlich nach dem letzten Ziel der Dinge und
Menschen. Als Zeuge und Künder des Glaubens des gesamten
in Christus geeinten Volkes Gottes kann daher das Konzil dessen Verbundenheit, Achtung und Liebe gegenüber der ganzen
Menschheitsfamilie, der dieses ja selbst eingefügt ist, nicht bered-
ter bekunden als dadurch, dass es mit ihr in einen Dialog eintritt
über all diese verschiedenen Probleme; dass es das Licht des Evangeliums bringt und dass es dem Menschengeschlecht jene Heils-
kräfte bietet, die die Kirche selbst, vom Heiligen Geist geleitet,
von ihrem Gründer empfängt. Es geht um die Rettung der menschlichen Person, es geht um den rechten Aufbau der menschlichen
Gesellschaft. Der Mensch also, der eine und ganze Mensch, mit
Leib und Seele, Herz und Gewissen, Vernunft und Willen steht
im Mittelpunkt unserer Ausführungen. Die Heilige Synode be-
kennt darum die hohe Berufung des Menschen, sie erklärt, dass
etwas wie ein göttlicher Same in ihn eingesenkt ist, und bietet der
Menschheit die aufrichtige Mitarbeit der Kirche an zur Errichtung
jener brüderlichen Gemeinschaft aller, die dieser Berufung entspricht"* (Gaudium et spes 3).[4]

Jahrzehnte sind vergangen, seit das Zweite Vatikanische
Konzil diesen programmatischen Text geschrieben hat.
Noch ist man erfüllt von Optimismus und teilt vorbe-
haltlos die Bewunderung für die großartigen techni-

4   Aus: Karl Rahner/Herbert Vorgrimler, Kleines Konzilskompendium
    © Verlag Herder GmbH, Freiburg i. Br. 2008

schen Erfindungen und die Macht der Menschen, was die Gestaltung der Erde betrifft. Man hatte damals die Hoffnung, dass man sozusagen jedes Problem technisch lösen könne; es brauche dazu nur genügend Geld und einen langen Atem. Wenn nicht jetzt, so doch in – vielleicht ferner – Zukunft würden wir alles in Ordnung bringen können.

Dieser Fortschrittsglaube ist unterdessen gänzlich erschüttert worden, die Ohnmacht des Menschen alltägliche Erfahrung. Nacheinander wurde eine fundamentale Krise greifbar: Krise des wissenschaftlichen Denkens, Vertrauenskrise, Bindungskrise, Finanzkrise, Ernährungskrise, globale Wirtschaftskrise – und alles gipfelt in einer umfassenden Sinnkrise. Etwas davon hat das Konzil bereits damals feststellen können: die Angst und bedrängende Fragen bezüglich der Zukunft und der Stellung und der Aufgabe des Menschen.

Das Konzil bietet dazu einen Dialog an. Es ist sich gewiss, dass die Kirche etwas zu bieten hat: Heilungs- und Rettungskräfte für die Welt, den eingesenkten göttlichen Samen und vor allem die Herausstellung der menschlichen Würde und der göttlichen Berufung des Menschen. In allem gibt es einen Sinn, eine Gerichtetheit auf eine umfassend brüderliche Gemeinschaft, zu welcher die Kirche ihre Mitarbeit anbietet. Aber ist es tatsächlich rettend, wenn man den Menschen so sehr ins Zentrum rückt, wie das Konzil es tut?

Ich möchte versuchen, von Franz von Assisi her eine differenziertere Sicht anzubieten:

1. In zweifacher Hinsicht ist der Mensch nicht das Zentrum, um das sich alles dreht. Er ist vielmehr eingebet-

tet in ein größeres Ganzes, in die Schöpfung, von der er ein Teil ist. Und die Schöpfung ist auf Gott gerichtet, den es anzubeten gilt.

2. Der Mensch ist in Tat und Wahrheit zuerst Teil des Problems und erst, wenn er dies eingesteht, dann auch ein Teil der Lösung. Franziskus sagt in seinem Sonnengesang, dass kein Mensch würdig sei, Gott auch nur zu nennen. Zu sehr hat sich der Mensch von Gott entfernt, zu sehr hat er sich dem konsumistischen Denken unterworfen, zu sehr hat er sich die Geschöpfe angeeignet, als dass er noch uneigennützig und selbstlos Gottes Namen aussprechen könnte. Deswegen kommt es den nichtmenschlichen Wesen eher zu, Gott zu preisen. Und so ruft Franziskus im Sonnengesang Sonne, Mond und Sterne, Wind, Wasser, Luft und Erde und anderswo auch Vögel und andere Tiere auf, das zu tun, wozu er, der Mensch, nicht fähig ist.

3. Der Sinn des Lebens besteht nach Franziskus darin, guter Humus, empfangsbereite Erde (NbR 22), zu sein, Mutter und Nährboden für den göttlichen Samen, von dem das Konzil spricht. Nun ist aber unterdessen die Evolutionstheorie so weit akzeptiert, dass die ganze Entwicklung nicht nur vorprogrammiert scheint. Wäre sie nur vorprogrammiert, hätte der Mensch auch keine Freiheit, den gesetzmäßig ablaufenden Naturgesetzen eine bestimmte andere Richtung zu geben bzw. einen spezifischen menschlichen, christlichen oder gar franziskanischen Sinn zu wählen. So eine Behauptung zeugt aber von einem allzu reduktionistischen Verständnis der Evolutionstheorie. Denn diese sieht durchaus auch Korrekturen durch zweckmäßiges bzw. sinnhaftes Zusammentreffen verschiedener Faktoren vor. Unser Verhal-

ten hat Einfluss, auch wenn wir ihn wissenschaftlich nicht angemessen beschreiben können.

4. Der Beitrag, den franziskanische Menschen durch eine spezifische Perspektivenwahl zur zukünftigen Welt leisten können, besteht also darin, dass sie ihrem Leben einen Sinn geben und dies in einer entsprechenden Praxis zum Ausdruck bringen. Als „Pilger und Fremdlinge", also durch keinerlei Besitz- und Eigentumsansprüche, weisen wir auf die Heimat jenseits der Erscheinungen. Durch die „Erhabenheit der Armut" sind wir auf das Sein ausgerichtet, auf Lebendigkeit, die sich im „Land der Lebendigen" vollendet. Franziskus spricht von „virtus", von Tugend, also von inneren Werten und eindeutigen Eigenschaften des Charakters. Und darin bestünde nach ihm auch der wahre Reichtum, nicht in der Mehrung materieller Güter, sondern in der Intensität des Lebens (BR 6). Und durch die ehrfürchtige Anerkennung der anderen Geschöpfe als bleibend auf das Lob Gottes ausgerichtete Wesen bringen wir das Ziel des Ganzen zur Geltung: den Glanz Gottes, der alles erfüllt.

Wider die Sinnkrise:

Verbindliche Zugehörigkeit

„Eines ist also das auserwählte Volk Gottes: ‚Ein Herr, ein Glaube, eine Taufe' (Eph 4,5); gemeinsam die Würde der Glieder aus ihrer Wiedergeburt in Christus, gemeinsam die Gnade der Kindschaft, gemeinsam die Berufung zur Vollkommenheit, eines ist das Heil, eine die Hoffnung und ungeteilt die Liebe. Es ist also in Christus und in der Kirche keine Ungleichheit aufgrund von Rasse und Volkszugehörigkeit, sozialer Stellung oder Geschlecht; denn ‚es gilt nicht mehr Jude und Grieche, nicht Sklave und Freier, nicht Mann und Frau; denn alle seid ihr einer in Christus Jesus' (Gal 3,28; vgl. Kol 3,11) (Lumen Gentium 32).[5]

Man kann diesem Text Abgehobenheit und Realitätsferne vorwerfen. Schlimmer aber wäre der Vorwurf, dass die Sinnperspektive, die in ihm steckt, zu den Mythen gehörte, die wohl die Vergangenheit zu fesseln vermochten, aber heute nichts mehr zu bedeuten haben. So wiederholte man Jean-François Lyotards Rede vom „Ende aller Erzählungen", wonach alle philosophischen und theologischen Sinndeutungen der Welt und des menschlichen Lebens sinnlos geworden seien. Andere sprechen sogar vom „Ende des Humanismus", wonach dem Menschen keinerlei besondere Verantwortung für das Ganze des Planeten Erde zukomme. John Grays „Abschied vom Humanismus" distanziert sich auf sehr aggressive Weise von der Vorstellung, dass dem Menschen ein kultureller Vorrang gegenüber den „anderen Tieren" zukomme. Wie diese will der Mensch nichts anderes als „Nahrung, Erfolg und Frauen". Transzendenz, Wahrheit, kulturelle Ausgestaltung der Schöpfung und eine besondere moralische Pflicht sind nichts an-

---

5 Aus: Karl Rahner/Herbert Vorgrimler, Kleines Konzilskompendium © Verlag Herder GmbH, Freiburg i. Br. 2008

deres als Täuschungen. Was für ein erschreckendes und frauenfeindliches Menschenbild! Mit solchen Behauptungen schwinden Sinnperspektiven und Zukunftsvorstellungen, aber letztlich auch zielgerichtetes Engagement und Leidenschaft aus dem Dasein. Sie führen geradewegs zur heute vorherrschenden kapitalistischen „Zivilisation", die die bloß materielle Wertschöpfung für absolut erklärt und alles Lebendige (Pflanze, Tier, Mensch) in Budgets und Bilanzen unberücksichtigt lässt.

Welcher Reichtum und welche Perspektiven eröffnen sich dagegen mit dem zitierten Konzilstext! Er ist geprägt von einer Zielvorstellung, die alle Eingrenzungen zerschlägt und die alle verschlossenen Tore der Zukunft aufsprengt: Wir leben in einer (vorweggenommenen) Wirklichkeit, in der es „keine Ungleichheit aufgrund von Rasse und Volkszugehörigkeit, sozialer Stellung oder Geschlecht" gibt, und ich würde hinzufügen, auch keine hierarchisierende Über- und Unterordnung in der Schöpfung. Für diese neue und alternative Wirklichkeit kann und muss man arbeiten. Bei aller Kritikwürdigkeit der Kirche – diese ist als Gemeinschaft zu begreifen, in der die erträumte Zukunft Gestalt annehmen soll. Und wie so oft muss genau an dieser Stelle die Kritik einsetzen: Die bisherige Gestalt der Kirche ist weit davon entfernt, das zu sein, was sie zu sein hat. Mit Papst Franziskus scheint sich allerdings das Gesicht der Kirche zu verändern. Er hat es in kurzer Zeit geschafft, der Kirche neue Anziehungskraft zu geben. Durch viele Zeichen, die er setzt, ist ein neues Zutrauen entstanden.

Mitte, Ausgangspunkt und Ziel dieser wahrhaft weltoffenen Zukunftsperspektive ist Jesus Christus, seine bedingungslose Gottesnähe und seine unbedingte Liebe zur

Schöpfung. In seine Gottesnähe und seine menschliche Existenz muss man eintauchen (Taufe bedeutet Eintauchen!), um dieser einen und einigenden Wirklichkeit des Menschengeschlechts anzugehören.

Franz von Assisi hat es in seinem eigenen Leben erlebt. Er wurde zwar äußerlich in das Taufwasser eingetaucht, aber erst, als er dem Aussätzigen begegnet ist, ist er wirklich, geistlich und existenziell, untergegangen im Christusereignis und zu dem faszinierenden Menschen, den wir Franz von Assisi nennen, geworden. Er wollte nichts anderes mehr leben als die Verbundenheit mit Christus. Er nannte das „poenitentia", eine täglich zu vollziehende Hinwendung zu dem Menschen Jesus, in dem die universale Tischgemeinschaft eröffnet ist, zu der alle Lebewesen geladen sind. Von daher versteht sich die franziskanische Bewegung als geschwisterliche Gemeinschaft, die die Türen für die eine universale, kosmische Welt öffnet und nicht ruhen will, bis alle Unterschiede in einer tieferen Tiefe eingeborgen und in einer höheren Höhe aufgehoben sind, im „kosmischen Christus", wie wir auch sagen können.

Natürlich ist dagegen der Einwurf möglich: Mythos, der der Vergangenheit angehört! Dagegen halte ich: Am grünen Tisch, im unverbindlichen Gespräch kann man so etwas sagen. Das isolierte Gehirn erfindet solche Reden; wenn du aber dazugehörst, verbindlich und auf Dauer, dann ergibt sich die Plausibilität von selbst; es gibt eine Vernünftigkeit, die sich erst im „Anhangen", in der gelebten Zugehörigkeit ergibt. „Man weiß nichts – außer man tut es!"

Dazu meine Übersetzung aus dem 2. Brief an die Gläubigen:

Der staunende Jubel

O was ist das doch für ein Licht!
Wie heilig!
Wie groß!
Ein Vater im Himmel!
O wie heilig!
Welcher Trost!
Wie schön
Und wunderbar!
Ein treuer Freund!
O wie heilig!
Wie zärtlich und wohlgefällig!
Wie erdnah, süß und lieblich!
Wie übersteigt das doch alles, was wir ersehnen können!
Ein großer Bruder!
Ein Sohn,
der sich für uns hingibt,
der für uns zum Vater betet!

Wider den Traditionalismus:

Ein Geschichtsbewusstsein, das der Gegenwart und der Zukunft verpflichtet ist

Die Hauptaufgabe des Konzils liegt darin, das heilige Überliefe-
rungsgut (depositum) der christlichen Lehre mit wirksameren Me-
thoden zu bewahren und zu erklären.

Damit diese Lehre die vielfältigen Bereiche des menschlichen Wir-
kens erreicht, sowohl den Einzelnen wie die Familien und das so-
ziale Leben, ist es vor allem nötig, dass die Kirche ihre Aufmerk-
samkeit nicht von dem Schatz der Wahrheit abwendet, den sie von
den Vätern ererbt hat. Sodann muss sie auch der Gegenwart Rech-
nung tragen, die neue Umweltbedingungen und neue Lebensver-
hältnisse geschaffen und dem katholischen Apostolat neue Wege ge-
öffnet hat.

Das heißt, das 21. Ökumenische Konzil, dem eine wirksame
und hochzubewertende Unterstützung durch erfahrene Gelehrte des
Kirchenrechts, der Liturgie, des Apostolats und der Verwaltung zur
Verfügung steht, will die katholische Lehre rein, unvermindert und
ohne Entstellung überliefern, so wie sie trotz Schwierigkeiten und
Kontroversen gleichsam ein gemeinsames Erbe der Menschheit ge-
worden ist. Dieses Erbe ist nicht allen genehm, aber es wird allen,
die guten Willens sind, als ein überreicher und kostbarer Schatz an-
geboten.

Doch es ist nicht unsere Aufgabe, diesen kostbaren Schatz nur
zu bewahren, als ob wir uns einzig und allein für das interessie-
ren, was alt ist, sondern wir wollen jetzt freudig und furchtlos an
das Werk gehen, das unsere Zeit erfordert, und den Weg fort-
setzen, den die Kirche seit zwanzig Jahrhunderten zurückgelegt
hat.

Denn etwas anderes ist das Depositum Fidei oder die Wahrhei-
ten, die in der zu verehrenden Lehre enthalten sind, und etwas an-
deres ist die Art und Weise, wie sie verkündet werden, freilich im
gleichen Sinn und derselben Bedeutung (Johannes XXIII. bei
der Eröffnung des Konzils).

Vielleicht ist in der Wortwahl des Papstes bereits das Missverständnis grundgelegt, das heute zur Zerreißprobe der Kirche geworden ist. Darf man von einem „depositum" reden, wenn es um Glauben geht? Geht es da wirklich um ein „Überlieferungsgut", um eine objektive Sache, die vorliegt und die von Generation zu Generation weitergegeben wird, so als ob diese Sache – sozusagen unberührt und unverändert und ohne zu berühren und zu prägen – weitergegeben wird? Geht es wirklich um Lehrsätze, um Dogmen, die tradiert werden müssen?

Und darf man so unterscheiden, wie Johannes XXIII. es tut: Da ist einerseits der Inhalt eines Satzes und anderseits die Art und Weise, wie man es sagt? Zeigt sich das Zeitlose in zeitbedingten Formulierungen, in modischen Kleidern?

So hilfreich die Sätze des Konzilspapstes ein Stück weit auch sind, so muss man doch fragen: Ist der Glaube nicht vielmehr eine Herzensangelegenheit? Ist der Akzent nicht auf das Herz zu legen, den eigentlichen Ort, durch den die Tradition fließt? Und zwar so, dass der Fluss in dem Augenblick verändert und lebendig wird, in dem er ins Herz eintritt? Und wird der Fluss nicht geprägt bleiben durch alle Herzen, durch die er floss?

Ich bin im so genannten katholischen Milieu aufgewachsen, habe die traditionelle, ja scholastische Theologie studiert, aber sie hat mich nicht erreicht. Als ich 1968 in den Wellen der Studentenunruhen schwamm, „scheiterte" diese Theologie. Sie starb in mir, um „neu" aufzuerstehen. Bald darauf erlebte ich meine Sprachmächtigkeit und damit auch die Fähigkeit, den christlichen Glauben auf neue Weise zu artikulieren. Seither behaupte ich, dass jedes Dogma im Herzen zunächst scheitern muss, bevor das damit Gemeinte als Feuer und Flamme erscheint. Für das Sprechen liturgischer Texte habe ich dann bald danach den Ausdruck „kreative Reproduktion" geprägt: Alles, was vorgetragen wird, muss zuerst verinnerlicht werden, bevor es dann – so oder anders! – zur Geltung gebracht werden kann. Mit anderen Worten: Ein Text aus den Propheten oder von Paulus kann in der Liturgie nicht einfach gelesen werden; zuerst muss er meditiert werden, bevor er sinngerecht und sinnstiftend gelesen werden kann. Ein Hochgebet wird erst dann das heilige Geschehen am Altar deuten, wenn der Priester es aus dem Herzen heraus spricht. Interessant ist, dass die französische Sprache mit „par cœur" „auswendig" meint. Das hieße dann aber auch, dass ein vorformuliertes Gebet durchaus auch eine neue Sprachgestalt annehmen kann. Und auf das Dogma bezogen, heißt das: Nur die eigene Sprache wird das Gemeinte zur Geltung bringen können.

So muss es auch bei der Wiederentdeckung des Evangeliums als praktische Lebensform durch Franz von Assisi gewesen sein. Die über tausend Jahre vorgelesenen und erklärten Texte verwandelten sich in ihm zu einer überzeugenden unerhörten und neuen Praxis, die das ganze 13. Jahrhundert faszinierte und die auch heute noch Geltung hat. Vorausgesetzt, sie wird nicht als objektives Überlieferungsgut betrachtet, das man unverändert der Nachwelt weiterreichen muss. So überträgt Franziskus den Satz „Und das Wort ist Fleisch geworden" (Joh 1,14) auch auf das Tier und die Pflanze, auf die ganze Welt. Nur so kann er dann auch von allen Geschöpfen als von Schwestern und Brüdern reden, so dass selbst wilde Tiere Gottes Wort offenbaren können (GrTug). Die oft oberflächlich dahingesagten Worte, die Wegwerftexte, ja auch die Texte der Ungläubigen sind für Franziskus unendlich wertvoll. Das Wort ist wirklich „Fleisch geworden". Mit den Buchstaben eines beliebigen Textes kann man das Evangelium oder den Namen Jesu schreiben. Das Evangelium ist für Franziskus plötzlich nicht mehr ein langweiliger, stets wiederkehrender Text, sondern „Geist und Leben" (2 Gl 3). Er entdeckt das Evangelium für die Armen (vgl. Test 12 f.; Kler 12; Ord 36; 1 C 82).

An dieser Stelle wird die Grenze erkennbar, die zwischen Tradition und Traditionalismus verläuft. Dieser ist blutleer, weil er der bloßen Vergangenheit huldigt und keinerlei Beziehung zur Gegenwart hat, geschweige denn zur Zukunft. Die Tradition jedoch ist ein lebendiger Fluss, der in das Hier und Jetzt fließt und in die Zukunft weiterfließt. Die Tradition ist lebendige Gegenwart und zukünftige Verheißung.

Wider die Sackgassen der Kirche:

Franziskus als Papst[6]

Die Übertragung des franziskanischen Programms
auf die Kirche und ihre Strukturen

6   vgl. SKZ 13–14/2013, 231–232

Als Fiktion wurde bereits beschrieben, was wir am 13. März 2013 real erleben durften: Wir haben einen Papst, der sich Franziskus nennt. 1999 kam in Mailand ein Roman von P. Farinella mit dem Titel „Habemus Papam: Francesco" heraus. In ihm wird das franziskanische Lebensprogramm auf die Kirche und ihre Strukturen übertragen.

Der Roman

Bevor ich einiges zur Aktualität des Franziskus im Blick auf die Erneuerung der Kirche sage, möchte ich ganz kurz den Inhalt des Romans darstellen. Da gibt es ein Konklave, das sich dem Heiligen Geist öffnet, und einen einfachen Priester, der sich an der Bibel orientiert und dem Volk nahe ist: Giovanni Battista Sciaccaluga. Er wird zum Papst gewählt und gibt sich den Namen Franziskus. Zuerst aber muss er sein Programm finden. Darum geht er zunächst längere Zeit ins Gebet, um es von Gott zu erbitten, dann berät er sich mit zwei einfachen Leuten aus dem Volk, mit Dom Helder Camara († 1999), dem wirbligen Erzbischof von Recife, der die Solidarität mit den Armen konsequent lebt und eine wichtige Bezugsperson der Befreiungstheologie ist, mit Bernhard Häring († 1998), dem weltbekannten Moraltheologen, der aus dem Geist Jesu die ethische Antwort auf moderne Fragen zu geben versucht, und mit dem Jesuiten Jacques Dupuis († 2004), der sich mit den Glaubensfragen im modernen Kontext des religiösen Pluralismus beschäftigt. Aus diesem erlesenen Kreis von fünf Personen geht sein päpstliches Programm hervor.

Im Einzelnen sieht es unter anderem so aus:

- Papst Franziskus gibt den Vatikanstaat in die Hände von Laien. Er entpolitisiert sein Amt radikal, er reist privat durch die Welt und besucht die Menschen, um sie und ihre Fragen kennenzulernen, er lehnt dabei staatliche Unterstützung ab.
- Papst Franziskus verlässt die vatikanischen Prunkbauten und wohnt bei den Armen. Er legt all seine Insignien ab, schafft die Kurie ab, weil er einsieht, dass sie sich zu einer Macht emporgeschwungen hat, die die päpstliche übertrifft. „Transeant papae, curia permanet – Die Päpste gehen, die Kurie bleibt". Die Geschichte darf sich nicht verfestigen.
- Papst Franziskus fasst sofort die dringlichsten Beschlüsse, unter anderem, dass Priester verheiratet sein dürfen. Er beruft für das Jahr 2005 ein Konzil nach Jerusalem ein, an dem alle Schwesterkirchen mit gleichem Recht wie die katholische teilnehmen können, sofern sie das wollen. Themen sollen sein: das Frauenpriestertum, die Ökumene, die zukünftige Funktion des Papstes, die Kirchenrechtsreform …

Franziskanische Postulate

Selbstverständlich handelt es sich bei dem beschriebenen fiktiven Papstprogramm um eine Utopie, die kaum in die Realität umzusetzen ist. Trotzdem sollte sich der neue Papst an dieser eindrücklichen Fiktion orientieren.

Wenn man sich auf Franz von Assisi beziehen will, dann muss man den ganzen Franziskus in seiner historischen Gestalt in Betracht ziehen. Da gibt es Perspektiven, welche in die kirchliche Praxis überführt werden müssen. Im

Einzelnen möchte ich – in meine Sprache und ins Heute übersetzt – nennen:

1. Gegen die dogmatische Erstarrung, wie sie trotz gegensätzlicher Absichten des Zweiten Vatikanischen Konzils die heutige Kirche prägt, geht es um eine lebendige Verflüssigung des Evangeliums in konkreten Lebensvollzügen. Es geht nicht um Sätze und Lehren, sondern um konkrete Spuren eines Weges, den Jesus hinterlassen hat und den der Christ bzw. die Kirche gehen muss. Vor allem geht es darum, in das Geheimnis Jesu einzutauchen, der uns eine besonders dichte Gotteserfahrung vermittelt: Gott ist bedingungslose Liebe, voraussetzungslose Gnade, zugewandte Gegenwart, auf die man froh und dankbar antwortet: Ejus qui nos multum amavit, multum es amor amandus – „die Liebe dessen, der uns so sehr geliebt hat, müssen wir mit großer Liebe lieben", fasst Franziskus seine Spiritualität zusammen. Das Evangelium darf nicht als Gesetz oder Forderung gelesen und erst recht nicht als erstarrtes Lehrsystem vermittelt werden. „Der Buchstabe tötet, der Geist aber macht lebendig", zitiert Franziskus den Apostel Paulus (2 Kor 3,6) und fügt hinzu: „Jene Ordensleute sind vom Buchstaben getötet, die nicht dem Geist des göttlichen Buchstabens folgen wollen, sondern mehr danach streben, einzig die Worte zu wissen und sie anderen zu erklären" (Erm 7).

2. Gegen die Absonderung kirchlicher Amtsträger und den Individualismus setzt Franziskus sein Konzept der Geschwisterlichkeit und des Gehorsams (= Ge-horsam). Die gegenseitige Beziehung auf gleicher Ebene ist dermaßen wichtig, dass auch die notwendigen Dienst-

funktionen in der Kirche und in den Gemeinschaften in den Gehorsam eingebettet sind. Da muss jeder und jede an seinem bzw. ihrem Ort hellhörig ausgerichtet sein: auf das eigene Innere, auf das Du, das einem begegnet, auf die Gruppe, die Gemeinschaft, die Gemeinde, die Kirche, der man angehört, auf die Menschheit insgesamt, ja auch auf die ganze Schöpfung, sogar auf die „Bestien und wilden Tiere" (GrTug). Letztlich geht es darum, alles, was ist, als Offenbarungsort Gottes wahrzunehmen: in allem und durch alles spricht Gott zu uns. Zudem geht es auf allen Ebenen auch der Kirche darum, Jesus als privilegierten Ort der Kundgebung Gottes anzuerkennen und jeden Tag intensiv hellhörig zu sein für seine Gegenwart in Kirche und Orden. Auch die Personen, welche da eine besondere Verantwortung des Dienens innehaben, müssen sich primär als Hörende begreifen und ebenso hellhörig auf die einzelnen Gläubigen ausgestreckt leben. Sie dürfen keinen Gehorsam verlangen, den sie nicht selbst vollziehen. Aber kann man bei einem solchen Gehorsamsverständnis überhaupt noch Gehorsam verlangen?

3. Gegen Habgier und Besitzdenken setzt Franziskus seine radikale Armut. Er erkennt, dass Gott ein Geheimnis der Armut ist: Gott ist Liebe, die nicht an sich festhält: Liebe, die sich hingibt und als dauernd hingegebene Liebe in Jesus Christus zugänglich ist und als überfließende Liebe unsere Gedanken und Herzen prägen will. Verbundenheit in der Liebe, Solidarität mit den Armen, geteiltes Leben mit allen, Verzicht auf Vorrang und Privilegierung, die Kunst der Reduktion der Besitzstände sind nicht nur als Ideal zu verherrlichen, sondern müssen die konkrete Praxis der Kirche bestimmen. Das ver-

langt eine alternative Ökonomie und einen anderen Umgang mit Geld und Besitz.

4. Gegen jede rassistische, nationale, geschlechtliche und anthropologische Einengung setzt Franziskus sein universales Denken, das im Sonnengesang seinen dichterischen Ausdruck fand. Bruder/Schwester ist nicht bloß der Volksgenosse, nicht bloß der Christ, nicht nur der andere Mensch, sondern auch jeder Stein, jede Pflanze, jedes Tier. Jedes Wesen hat ein individuelles Gesicht, das es zu erkennen gilt. Alles trägt ein Geheimnis in sich, vor dem man sich ehrfürchtig neigen muss. Jedes Geschöpf hat einen eigenen Wert, den Gott in es hineingelegt hat. Deshalb entzieht sich alles dem bloßen Gebrauch, dem Konsum, dem verbrauchenden Zugriff. Eine Ökonomie, die nicht ökologisch ist, ist ein Verbrechen. Schonung, Gewaltlosigkeit, Behutsamkeit und Friedfertigkeit müssen alles Handeln prägen.

5. Gegen eine konfuse Religiosität setzt Franziskus seine Kirchlichkeit. Wobei diese sich nur in zweiter Linie auf die Institution bezieht. Primär geht es um eine mystische Erfahrung: Der unzugängliche Gott macht sich in seiner Menschwerdung in Jesus zugänglich bzw. in seinem Wort und in den Zeichen der Kirche: im Wasser, in das wir eintauchen; im Brot, das wir essen, und im Wein, den wir trinken, in den heiligen Schriften, die wir meditieren … In der Taufe und in der Eucharistie setzt sich der auferstandene Christus selbst gegenwärtig, sofern das Wort diese Zeichen „heiligt", wie Franziskus sagt; anders gesagt, sofern die Worte des Einsetzungsberichtes über Brot und Wein gesprochen werden. Darauf kommt es an: dass wir in den Worten und in den Zeichen der Lebendigkeit Jesu begegnen. Das authen-

tische Wort und die wahren Zeichen der Gegenwart Jesu gibt es aber nur im Rahmen der Kirche. Wenn aber die Institution zwar wichtig ist, aber nur den Rahmen einer möglichen mystischen Erfahrung darstellt, dann müssen auch andere Akzente gesetzt werden: die lokale Kirche, die Gemeinschaft am Ort, in deren Mitte uns der Auferstandene erreichen will.

Dass diese Kirche dann auch die vier ersten Punkte des franziskanischen Programms erfüllen muss, dürfte sich von selbst verstehen. Die Kirchlichkeit ist also durch eine mystische Grunderfahrung begründet.

Ganz offensichtlich ist Papst Franziskus in diesem Sinne unterwegs.

„Danach gab und gibt mir der Herr einen so großen Glauben zu den Priestern, die nach der Form der heiligen Römischen Kirche leben, auf Grund ihrer Weihe, dass ich, wenn sie mich verfolgen würden, bei ihnen Zuflucht suchen will. Und wenn ich so große Weisheit hätte, wie Salomon sie gehabt hat, und fände armselige Priester dieser Welt – in den Pfarreien, wo sie weilen, will ich nicht gegen ihren Willen predigen. Und diese und alle anderen will ich achten, lieben und ehren wie meine Herren.

Und ich will in ihnen die Sünde nicht beachten, weil ich den Sohn Gottes in ihnen unterscheide und sie meine Herren sind. Und deswegen tue ich das, weil ich leiblich von ihm, dem höchsten Sohn Gottes, in dieser Welt nichts sehe als seinen heiligsten Leib und sein heiligstes Blut, das sie selbst empfangen und sie allein den anderen darreichen. Und ich will vor allem, dass diese heiligsten Geheimnisse geachtet, verehrt und an kostbaren Stellen aufbewahrt werden. Seine geschriebenen heiligsten Namen und Worte will ich, wo immer ich sie an unpassenden Stellen finden werde, auflesen und

bitte, dass sie aufgelesen und an einen ehrbaren Ort hingelegt wer-
den. Und alle Theologen und die Gottes heiligste Worte mitteilen,
müssen wir achten und ehren als solche, die uns Geist und Leben
mitteilen" (Test 6–13).

Wider ein bloß institutionelles Kirchenverständnis:

Eine mystisch verankerte und lokal erlebbare Kirche

1: Christus ist das Licht der Völker. Darum ist es der dringende Wunsch dieser im Heiligen Geist versammelten Heiligen Synode, alle Menschen durch seine Herrlichkeit, die auf dem Antlitz der Kirche widerscheint, zu erleuchten, indem sie das Evangelium allen Geschöpfen verkündet (vgl. Mk 16,15). Die Kirche ist ja in Christus gleichsam das Sakrament, das heißt Zeichen und Werkzeug für die innigste Vereinigung mit Gott wie für die Einheit der ganzen Menschheit. Deshalb möchte sie das Thema der vorausgehenden Konzilien fortführen, ihr Wesen und ihre universale Sendung ihren Gläubigen und aller Welt eingehender erklären. Die gegenwärtigen Zeitverhältnisse geben dieser Aufgabe der Kirche eine besondere Dringlichkeit, dass nämlich alle Menschen, die heute durch vielfältige soziale, technische und kulturelle Bande enger miteinander verbunden sind, auch die volle Einheit in Christus erlangen.

8: Der einzige Mittler Christus hat seine heilige Kirche, die Gemeinschaft des Glaubens, der Hoffnung und der Liebe, hier auf Erden als sichtbares Gefüge verfasst und trägt sie als solches unablässig (9); so gießt er durch sie Wahrheit und Gnade auf alle aus. Die mit hierarchischen Organen ausgestattete Gesellschaft und der geheimnisvolle Leib Christi, die sichtbare Versammlung und die geistliche Gemeinschaft, die irdische Kirche und die mit himmlischen Gaben beschenkte Kirche sind nicht als zwei verschiedene Größen zu betrachten, sondern bilden eine einzige komplexe Wirklichkeit, die aus menschlichem und göttlichem Element zusammenwächst (10). Deshalb ist sie in einer nicht unbedeutenden Analogie dem Mysterium des fleischgewordenen Wortes ähnlich. Wie nämlich die angenommene Natur dem göttlichen Wort als lebendiges, ihm unlöslich geeintes Heilsorgan dient, so dient auf eine ganz ähnliche Weise das gesellschaftliche Gefüge der Kirche dem Geist Christi, der es belebt, zum Wachstum seines Leibes (vgl. Eph 4,16) (11). ... Diese Kirche, in die-

ser Welt als Gesellschaft verfasst und geordnet, ist verwirklicht in der katholischen Kirche, die vom Nachfolger Petri und von den Bischöfen in Gemeinschaft mit ihm geleitet wird.

26: Diese Kirche Christi ist wahrhaft in allen rechtmäßigen Ortsgemeinschaften der Gläubigen anwesend, die in der Verbundenheit mit ihren Hirten im Neuen Testament auch selbst Kirchen heißen (86). Sie sind nämlich je an ihrem Ort, im Heiligen Geist und mit großer Zuversicht (vgl. 1 Thess 1,5), das von Gott gerufene neue Volk. In ihnen werden durch die Verkündigung der Frohbotschaft Christi die Gläubigen versammelt, in ihnen wird das Mysterium des Herrenmahls begangen, „auf dass durch Speise und Blut des Herrn die ganze Bruderschaft verbunden werde" (87). In jedweder Altargemeinschaft erscheint unter dem heiligen Dienstamt des Bischofs (88) das Symbol jener Liebe und jener „Einheit des mystischen Leibes, ohne die es kein Heil geben kann" (89). In diesen Gemeinden, auch wenn sie oft klein und arm sind oder in der Diaspora leben, ist Christus gegenwärtig, durch dessen Kraft die eine, heilige, katholische und apostolische Kirche geeint wird (90). Denn „nichts anderes wirkt die Teilhabe an Leib und Blut Christi, als dass wir in das übergehen, was wir empfangen" (Lumen Gentium).[7]

In der nachkonziliaren Auslegung dieser Texte gibt es vor allem zwei theologische Streitpunkte:

1. Die ökumenische Frage: Ist die konfessionell geprägte katholische Kirche identisch mit der katholischen Kirche Jesu Christi bzw. ist sie die einzige, die sich als Kirche des menschgewordenen Gottes verstehen darf?

7 Aus: Karl Rahner/Herbert Vorgrimler, Kleines Konzilskompendium © Verlag Herder GmbH, Freiburg i. Br. 2008

Papst Benedikt XVI. hat diese Frage bejaht, obwohl das Konzil dies gerade nicht sagen wollte. Dieses sagt vielmehr, dass sich die Kirche in der konfessionell verstandenen katholischen Kirche „verwirklicht", nicht dass sie mit ihr identisch ist. Das lässt mit Blick auf die ökumenische Situation sehr viel mehr und noch ganz anderes sagen als das, was in den öffentlichen Stellungnahmen von Benedikt XVI. zum Ausdruck gekommen ist.

2. Die theologische Frage: Was ist zuerst: die universale und institutionell verfasste Kirche (Roms) oder die „Kirche vor Ort"? Auch hier hat Papst Benedikt den universalen Aspekt als primär und prioritär herausgestellt, während Kardinal Kasper die Ortskirche als Erscheinung der Universalkirche betonte.

Den Schlüssel für die Beantwortung beider Fragen liefert das Konzil selbst. Es braucht den Begriff „Sakrament", um sowohl das Wesen des Christusgeheimnisses als auch die Natur der Kirche zu beschreiben. Sakrament – das bedeutet, dass ein Phänomen auf etwas anderes, Größeres und Unfassbares hinweist, gleichzeitig aber dieses alles übersteigende Geheimnis im Konkreten zur Erscheinung bringt. Der Mensch Jesus ist die einmalige und unverwechselbare Erscheinung des Gottes, der sich aus Liebe in die Welt hinein entäußert. Die Kirche ist analog dazu die Erscheinung und die konkrete Vergegenwärtigung dieses menschgewordenen Gottes im Ablauf der Zeiten. Das heißt dann aber auch, dass die Benutzung des Sakramentsbegriffs auch auf den Vollzug der Sakramente an einem konkreten Ort hinweist und auch alle pastoralen und sozialen Bereiche mit einbezieht. Es ist die Ortsgemeinde, die über sich hinausweist und die universale Kirche bzw.

den menschgewordenen Gott zur Erscheinung bringt. Sakrament ist – und zwar in allen Bereichen – immer eine paradoxe Aussage: Hinweis auf ein ganz Anderes, Unsagbares, das sich im Hier und Jetzt und im Da und Dort vergegenwärtigt.

Natürlich hat sich Franziskus als Mitglied der Universalkirche verstanden. Deswegen trug er die an ihn ergangene „Offenbarung des Evangeliums" zum Papst, nicht nur um in seinem Vorhaben bestätigt zu werden, sondern auch um die Provokation, die vom Evangelium ausgeht, in die Großkirche einzubringen. Es war sein Wille, „katholisch" zu sein und in einer vollzogenen Beziehung zur Amtskirche zu stehen. Und es war für ihn eine Selbstverständlichkeit, seine Bruderschaft an den Papst zu binden. Klara von Assisi teilte mit ihm diese Einbindung in die Katholizität, aber indem sie Sach- und Beziehungsebene auseinanderhält: Nach ihr kann man die Beziehung zum Papst sehr wohl hegen und pflegen und gleichzeitig auch, wo es sich ergibt, den Dissens klar benennen. Mehr noch als bei Franziskus finden wir diese Haltung bei Klara von Assisi. Für sie ist klar: Der „timor reverentialis", die Ehrfurcht vor dem Amtsträger, und der Widerstand gegen dessen Anordnungen lassen sich vereinbaren.

Franziskus begründet diese Haltung zur übergreifenden Kirche mystisch. Er unterscheidet in seinem Testament zwischen dem Phänomen, das uns begegnet (möglicherweise sündige Priester und Amtsträger), und dem Geheimnis Gottes, das sich selbst einen Weg zum Menschen bahnt. Unabhängig von den moralischen Defiziten der Kirche erreicht Gottes Gnade ihr Ziel, den gläubigen Menschen. Es ist der Sakramentsbegriff, der hier im Hintergrund steht. Das wird noch deutlicher in der ersten Ermahnung des

Franziskus. Da sagt er, dass Gott für den menschlichen Zugriff unerreichbar ist, dass es aber Gott selbst ist, der eine Brücke zu den Menschen schlägt. Diese Brücke ist die „humilitas", die Bindung Gottes an den Humus, an die Endlichkeit und Begrenztheit der Erde. Das erdgebundene Menschsein Jesu und die Alltäglichkeit von Brot und Wein sind die Phänomene, über die Gott sich uns zuwendet. Damit aber das Unterscheidende, das transzendente Geheimnis erkannt bzw. empfangen wird, braucht es neue Augen, den Heiligen Geist.

In seinem Brief an den Orden beschreibt Franziskus die revolutionäre Umwälzung, die diese sakramentale Sicht für den Gottesglauben und für die menschlichen Beziehungen beinhaltet. Die ganze Schöpfung wird mitgerissen in einen taumelnden Tanz, und alle Andachtsformen und privaten religiösen Verrichtungen müssen aufgegeben werden, um miteinander – konkret! – die Gegenwart des sich schenkenden Gottes zu feiern. Selbst die Abwesenden werden durch diese Vergegenwärtigung erfüllt. Eine neue Gemeinschaft muss entstehen: ein geschwisterliches Miteinander, das sich gegenseitig in liebendem Ge-hor-sam begegnet, ohne Besitzansprüche alles miteinander teilt und mit den Armen solidarisch und mit allen Geschöpfen in Verbundenheit lebt.

Ganz offensichtlich ist ein solch mystisches Eucharistieverständnis auf alle Formen des christlichen Zusammenlebens übertragbar. Dann wird auch begreiflich, warum die universale Kirche an konkreten Orten erscheint und diese bezeugt. Es ist ein hoffnungsvolles Zeichen, dass Papst Franziskus die Priorität der Lokalkirche gegenüber der Universalkirche betont, in dem er zum Beispiel sagt: Ich bin der Bischof von Rom und als solcher Papst. Und bei der Übernahme „seiner Kirche", der Lateranbasilika, ließ er die liturgischen Texte so umformen, dass keinerlei Logik der Macht zum Ausdruck kommt. Bisher sagte der Kardinalvikar jeweils: „Wie der Winzer, der von oben den Weinberg überwacht, bist du in erhöhter Position gesetzt, um das Dir anvertraute Volk zu regieren und zu behüten." Nun aber setzte sich der Papst nicht auf einen erhöhten Stuhl. Und statt des genannten Satzes sagte der Kardinal, dass der Papst von diesem „erwählten Ort in der Liebe allen Kirchen vorsteht und mit entschlossener Sanftheit alle auf den Wegen der Heiligkeit führt". Da zeigt sich nicht mehr die Überordnung, sondern der „Vorsitz der Liebe" im Kollegium der Kirchen.

Wider Aggression und Gewalt
in der Argumentation:

Miteinander die Wahrheit erschließen

„Ein so rascher Wandel der Zustände, der oft ordnungslos vor sich geht, und dazu ein schärferes Bewusstsein für die Spannungen in der Welt erzeugen oder vermehren Widersprüche und Störungen des Gleichgewichts. Schon in der Einzelperson entsteht öfters eine Störung des Gleichgewichts zwischen dem auf das Praktische gerichteten Bewusstsein von heute und einem theoretischen Denken, dem es nicht gelingt, die Menge der ihm angebotenen Erkenntnisse selber zu bewältigen und sie hinlänglich in Synthesen zu ordnen.

Eine ähnliche Störung des Gleichgewichts entsteht ferner zwischen dem entschlossenen Willen zu wirkmächtigem Handeln und den Forderungen des sittlichen Gewissens, aber oft auch zwischen den kollektiven Lebensbedingungen und den Voraussetzungen für ein persönliches Denken oder sogar eines besinnlichen Lebens.

Endlich entsteht eine Störung des Gleichgewichts zwischen der Spezialisierung des menschlichen Tuns und einer umfassenden Weltanschauung. In der Familie entstehen Spannungen unter dem Druck der demographischen, wirtschaftlichen und sozialen Situation, aus den Konflikten zwischen den aufeinanderfolgenden Generationen, aus den neuen gesellschaftlichen Beziehungen zwischen Mann und Frau. Große Spannungen entstehen auch zwischen den Rassen, sogar zwischen den verschiedenartigen Gruppen einer Gesellschaft, zwischen reicheren und schwächeren oder notleidenden Völkern, schließlich zwischen den internationalen Institutionen, die aus der Friedenssehnsucht der Völker entstanden sind, und der rücksichtslosen Propaganda der eigenen Ideologie samt dem Kollektivegoismus in den Nationen und anderen Gruppen.

Die Folge davon sind gegenseitiges Misstrauen und Feindschaft, Konflikte und Notlagen. Ihre Ursache und ihr Opfer zugleich ist der Mensch" (Gaudium et spes 8).[8]

8   Aus: Karl Rahner/Herbert Vorgrimler, Kleines Konzilskompendium
    © Verlag Herder GmbH, Freiburg i. Br. 2008

Seit Jahrzehnten gibt es auf allen Ebenen der Kirche und der Gesellschaft Spannungen und Konflikte, die immer wieder in gewalttätigen Auseinandersetzungen münden. Der weltweite Terror zeigt die Krise zwischen westlichen und arabischen Kulturen an. Der oft aggressive Fundamentalismus in vielen Problemfeldern verweist auf eine Krise zwischen gestern und heute bzw. morgen. Die Jugendunruhen 2013 in Stockholm und Bern stellen die Antworten der älteren Generation in Frage. Die immer größeren Scheidungszahlen bringen auf erschreckende Weise zum Ausdruck, dass es im Selbstverständnis von Mann und Frau und in ihrer Beziehung zueinander Probleme gibt, die weit über die individuellen Aspekte hinausreichen und an das Grundsätzliche rühren.

Wie können diese Konflikte und Spannungen gelöst werden? Was ist aus einer franziskanischen Perspektive heraus dazu zu sagen?

Franziskus sagt dazu Grundsätzliches und Praktisches. So ist er der Auffassung, dass das Evangelium die Grundlage für eine Lebensform darstellt, die auch unterschiedliche Meinungen und Überzeugungen, vor allem aber verschiedene gesellschaftliche Schichten und Standards verbinden könnte. Nicht dass damit Unterschiede im Verhalten und im Denken aus der Welt geschafft wären! Aber der gemeinsame Wille, Jesus zu folgen, führt dazu, dass man geschwisterlich miteinander umgeht.

Dieser Ansatz beinhaltet dann auch, dass man die Menschen, die sich nicht zum gemeinsamen franziskanischen Leben bekennen oder gar anderen religiösen Überzeugungen, Lebensformen und Kulturen anhangen, mit einem positiven Vorurteil begegnet: Sie sind auf jeden Fall Brüder und Schwestern, denen man rücksichtsvoll, demütig, also ohne äußere Gewalt und auch ohne aggressive Behauptungen und Argumentationen begegnet (vgl. seine Aussagen über das Leben unter dem Islam in NbR 16). Die radikale Ablehnung des Besitzes jeglicher Art beinhaltet auch den Verzicht, sich allein im Besitz der Wahrheit zu wähnen. Das, woran ich mit allen Fasern meiner Existenz hänge, kann ich darum auch nicht von anderen fordern. Sosehr Franziskus sich freuen würde, wenn sich alle politische Macht und alle Wissenschaft dem Christusereignis unterwerfen würden und nur noch der Logik der Liebe folgten, „darin besteht nicht die wahre Freude". Diese beruht einzig und allein darauf, mit sich selber identisch zu bleiben und alles Erfolgsdenken zurückzulassen.

Auf der praktischen Ebene gibt es zwei sehr schöne Texte von bzw. über Franziskus, die zeigen, wie Franziskus die „Spur der Wahrheit" entdeckt.

In seinem Brief an einen Minister behandelt Franziskus ausdrücklich den innergemeinschaftlichen Konflikt. Anlass dazu ist der handfeste Konflikt, den ein verantwortlicher Bruder erlebte und der ihn dazu brachte, von seinem Amt zurückzutreten und in Zukunft in der angeblich konfliktlosen Luft einer Einsiedelei zu leben. Franziskus verwehrt ihm diesen Ausweg. Denn erstens ist der Konflikt der Normalfall des gemeinsamen Lebens und zweitens birgt jeder Konflikt eine Chance. Im Bleiben im Konflikt, im Erspüren dessen, was ein Konflikt in Tat und Wahrheit ist und worauf er hinweist, ergibt sich die Antwort. Sie steht nicht ein für alle Mal fest, sie ergibt sich aus dem konkreten Leben selbst. Die Wahrheit ist nicht nur hinter mir, nicht nur in mir, sondern vor allem auch vor mir. Aber ich muss sie erschließen. Die Wirklichkeit, in der wir leben, hat Offenbarungscharakter, wie Franziskus in seinem umfassenden Gehorsamsverständnis zeigt. Die Wahrheit „enthüllt" sich in dem Maße, wie man sich auf die Wirklichkeit einlässt.

Franziskus hat das in seiner berühmten Vogelpredigt gezeigt. Spontan geht er auf eine Vogelschar zu, die er beim Vorübergehen entdeckt. Er lässt sich von ihr überraschen und wagt dann, sie in einer Predigt anzusprechen. Danach geht er nachdenklich weg. Denn diese Situation hat ihm seine Berufung gezeigt, in Zukunft die gesamte Schöpfung, Menschen, Tiere und die Natur insgesamt, in seiner Verkündigung des guten Gottes anzusprechen.

Was sich hier im Verhalten des Franziskus zeigt, kann zu einer Art gemeinsamer Methodik ausgefaltet werden. Die Wirklichkeit selbst enthüllt uns die innere Wahrheit. Dazu seien zwei Anmerkungen erlaubt:

1. Papst Franziskus bestätigt zunächst die Maßnahmen seines Vorgängers Benedikt XVI. gegen die amerikanischen Ordensfrauen. Sosehr er bisher in vielen Bereichen franziskanische Aspekte in die Art und Weise seiner Amtsführung übernommen hat, so sehr verkennt er hier die Möglichkeit der Wahrheitsenthüllung im Umgang mit der Wirklichkeit. Ordensleute sind mit der Spurensuche beauftragte Christen, sie müssen sich mit ihrem Leben ins Unerprobte vorwagen. Nur so können sie für die Kirche fruchtbar werden. Diese Haltung stünde ja eigentlich der grundsätzlichen Meinung des heutigen Papstes sehr nahe. Hinzuweisen ist auf seine Äußerungen gegenüber den lateinamerikanischen Ordensleuten: „Habt Mut! Schlagt neue Richtungen ein! Fürchtet euch nicht vor den Risiken, wenn ihr auf die Armen und die Menschen zugeht, die gerade begin-

nen, im Kontinent ihre Stimme zu erheben ... Ihr werdet Fehler machen, ihr werdet anderen auf die Füße treten. Das passiert. Vielleicht wird sogar ein Brief der Glaubenskongregation bei euch eintreffen, in dem es heißt, dass ihr dies oder jenes gesagt hättet ... Macht euch darüber keine Sorgen. Erklärt, wo ihr meint, erklären zu müssen, aber macht weiter ... Macht die Türen auf. Tut dort etwas, wo der Schrei des Lebens zu hören ist. Mir ist eine Kirche lieber, die etwas falsch macht, weil sie überhaupt etwas tut, als eine Kirche, die krank wird, weil sie sich nur um sich selbst dreht ..."

2. Die Art und Weise, wie die Kirche und die Christen oft mit dem Thema „Homoehe" umgehen, widerspricht ebenso sehr dem hier angesprochenen Postulat wie die unbedachte juristische Gleichstellung von Ehe und gleichgeschlechtlicher Partnerschaft. Nach Jahrhunderten der Ächtung homosexueller Beziehungen und nach dem erschreckenden Unrecht, das ihnen von Gesellschaft und Kirche zugefügt wurde, muss sich die Kirche neu orientieren. Sie muss sich empathisch hineinfühlen in die Wirklichkeit, die sich in solchen Beziehungen offenbart. Sie muss sich auch bewusst machen, wie sehr sie auch die gleichgeschlechtliche Sexualität in der Vergangenheit verkannt hat. Erotik und Sexualität sind als „loci theologici" zu erklären, in denen sich neben sehr viel Ungereimtem, ja Sündigem, auch tief Göttliches zeigt. Anderseits ist es doch jedem vernünftigen Menschen einsichtig, dass die Ehe primär durch liebendes Zeugen und liebendes Empfangen zu definieren und also eine biologische Grundwirklichkeit ist, die die homosexuelle Partnerschaft nie erreicht. Warum also etwas gleichsetzen wollen, was letztlich nur

analog vergleichbar ist. Es ist die Wirklichkeit selbst, die solches enthüllt. Auf dieser Grundlage können dann juristische und gesellschaftliche Lösungen gefunden werden, die weder die Ehe herabsetzen noch Rechte und Pflichten gleichgeschlechtlicher Paare mindern.

Statt politischer Konfrontation Dialog
auf der Grundlage der Gegenseitigkeit

„Oftmals wird gerade eine christliche Schau der Dinge ihnen eine bestimmte Lösung in einer konkreten Situation nahelegen. Aber andere Christen werden vielleicht, wie es häufiger, und zwar legitim, der Fall ist, bei gleicher Gewissenhaftigkeit in der gleichen Frage zu einem anderen Urteil kommen.

Wenn dann die beiderseitigen Lösungen, auch gegen den Willen der Parteien, von vielen andern sehr leicht als eindeutige Folgerung aus der Botschaft des Evangeliums betrachtet werden, so müsste doch klar bleiben, dass in solchen Fällen niemand das Recht hat, die Autorität der Kirche ausschließlich für sich und seine eigene Meinung in Anspruch zu nehmen.

Immer aber sollen sie in einem offenen Dialog sich gegenseitig zur Klärung der Frage zu helfen suchen; dabei sollen sie die gegenseitige Liebe bewahren und vor allem auf das Gemeinwohl bedacht sein" (Gaudium et spes 43).[9]

Dieser Konzilstext bespricht die Art und Weise, wie sich Christen in die politische Ausgestaltung des gesellschaftlichen Zusammenlebens einbringen sollen. Für das Konzil ist eine solche unbedingt notwendig. Sonst würde die Kirche ihrer Aufgabe nicht bewusst. Die von Benedikt XVI. geforderte „Entweltlichung der Kirche" darf also nicht so ausgelegt werden, dass eine Einmischung der Kirche insgesamt oder einzelner Christen verboten wäre. Zwar ist richtig, dass die Kirche ganz allgemein die „Verwalterin" der Transzendenz ist und dass sie die „Erhabenheit" menschlicher Existenz bezeugt. Aber gerade auch deswegen muss sie das auch in den alltäglichen Dingen tun und nicht nur in sakralen Räumen. Ebenso wenig wird durch Benedikts An-

---

9 Aus: Karl Rahner / Herbert Vorgrimler, Kleines Konzilskompendium
   © Verlag Herder GmbH, Freiburg i. Br. 2008

sprache die oft gerade auch von christlichen Politikern gehörte Forderung, sich aus dem politischen Geschäft herauszuhalten, gestützt. Interessant ist ja auf jeden Fall, dass solche Forderungen meistens dann erfolgen, wenn es um egoistisch-kapitalistische (zum Beispiel Lockerung des Verbots der Sonntagsarbeit) oder um nationalistisch ausgrenzende Projekte (zum Beispiel in der Asylpolitik) geht.

Ein Heraushalten aus dem politischen Geschäft würde die Religion zu dem machen, was Karl Marx „Opium des Volkes" genannt hat. Ähnlich meint auch Napoleon: „Religion ist das, was die Armen davon abhält, die Reichen umzubringen." Religion hat nicht die Aufgabe, dafür zu sorgen, dass die gesellschaftlichen Verhältnisse unverändert bleiben. Sie darf nicht als „Religion der Ordnung" begriffen werden, die die Unzufriedenen auf das Jenseits vertröstet. Gerade in der Gefolgschaft des Franz von Assisi lernen wir, dass Christentum eine „Religion der Einmischung" ist. Gott identifiziert sich dermaßen mit den Ausgestoßenen (Aussätzigen), Armen und Schwachen, dass die ganze Kirche sich mit ihnen solidarisieren muss – gemäß dem Lied von Manfred Schlenker, in dem die Gläubigen singen:

„1. Wir ziehen vor die Tore der Stadt. Der Herr ist nicht mehr fern. Singt laut, wer eine Stimme hat. Erhebt die Blicke, wer schwach und matt. Wir ziehen vor die Tore der Stadt und grüßen unseren Herrn.

2. Er ist entschlossen, Wege zu gehn, die keiner sich getraut. Er wird zu den Verstoßenen stehn, wird nicht nach anderer Urteil sehn. Er ist entschlossen, Wege zu gehn, vor denen allen graut.

3. Er ruft uns vor die Tore der Stadt. Denn draußen wird er sein, der draußen eine Krippe wählt und draußen stirbt

auf dem Schädelfeld. Er ruft uns vor die Tore der Welt: Steht für die draußen ein."

Daraus ergeben sich klare Vorstellungen für den politischen Gestaltungsraum der Christen. Die franziskanische „Schau der Dinge (legt) ihnen eine bestimmte Lösung in einer konkreten Situation nahe". Kann es sein, dass es andere Christen gibt, die eine andere christliche Weltanschauung vertreten und darum zu anderen Lösungen auffordern? Nach dem Konzilstext könnte das durchaus der Fall sein. Dann aber ist ein offener Dialog notwendig, in dem die verschiedenen gesellschaftlichen Optionen miteinander in ein geschwisterliches Gespräch treten. Dialog bedeutet immer auch Bereitschaft, sich von der anderen Position überzeugen zu lassen. Er kann aber auch zum Streit werden, der aber nicht allzu schnell negativ beurteilt und als unchristlich hingestellt werden darf. Denn gerade in den komplizierten politischen Auseinandersetzungen geht es um die je besseren Lösungen. Dialog und Auseinandersetzung stehen aber im Horizont des Christusereignisses, das nicht beliebig ausgelegt werden kann. Es geht auch um das Selbstverständnis der Kirche, die sich nie mit gesellschaftlichen Bedingungen gleichsetzen kann.

Zu beachten ist freilich auch, dass der geschwisterliche Dialog zielführend sein muss. Was nützt es, wenn man mit idealen Lösungen aufwartet, aber damit nicht konsensfähig ist. Der Kompromiss wird zwar immer wieder negativ beurteilt, ist aber oft der einzige Weg, überhaupt etwas zu erreichen. Auch Franziskus musste schmerzhaft am eigenen Leib erfahren, dass das Ideal immer hinter der Wirklichkeit zurückbleibt und dass man oft mit weniger zufrieden sein muss.

Wider den Sexismus:

Geschwisterlichkeit und
gleichberechtigtes Miteinander von Frau und Mann

Die Frauen verlangen für sich die rechtliche und faktische Gleichstel-
lung mit den Männern, wo sie diese noch nicht erlangt haben (9).

Es ist eine beklagenswerte Tatsache, dass jene Grundrechte der
Person noch immer nicht überall unverletzlich gelten; wenn man
etwa der Frau das Recht der freien Wahl des Gatten und des Le-
bensstandes oder die gleiche Stufe der Bildungsmöglichkeit und Kul-
tur, wie sie dem Mann zuerkannt wird, verweigert. Obschon zwi-
schen den Menschen berechtigte Unterschiede bestehen, fordert ferner
die Gleichheit der Person-Würde doch, dass wir zu humaneren und
der Billigkeit entsprechenden Lebensbedingungen kommen (29).

Wenn wirklich durch die gegenseitige und bedingungslose Liebe
die gleiche personale Würde sowohl der Frau wie des Mannes an-
erkannt wird, wird auch die vom Herrn bestätigte Einheit der Ehe
deutlich (49).

Die Familie ist eine Art Schule reich entfalteter Humanität. Da-
mit sie aber ihr Leben und ihre Sendung vollkommen verwirklichen
kann, sind herzliche Seelengemeinschaft, gemeinsame Beratung der
Gatten und sorgfältige Zusammenarbeit der Eltern bei der Erzie-
hung der Kinder erforderlich. Zu ihrer Erziehung trägt die anteil-
nehmende Gegenwart des Vaters viel bei. Aber auch die häusliche
Sorge der Mutter, deren besonders die jüngeren Kinder bedürfen, ist
zu sichern, ohne dass eine berechtigte gesellschaftliche Hebung der
Frau dadurch irgendwie beeinträchtigt wird (52).

Die Frauen sind zwar schon in fast allen Lebensbereichen tätig,
infolgedessen sollen sie aber auch in der Lage sein, die ihrer Eigen-
art angemessene Rolle voll zu übernehmen. Sache aller ist es, die
je eigene und notwendige Teilnahme der Frau am kulturellen Le-
ben anzuerkennen und zu fördern (60) (Gaudium et spes).[10]

10 Aus: Karl Rahner/Herbert Vorgrimler, Kleines Konzilskompendium
© Verlag Herder GmbH, Freiburg i. Br. 2008

Unzweifelhaft sind diese Textfragmente aus Gaudium et spes des Zweiten Vatikanischen Konzils in vielerlei Hinsicht ein Fortschritt gegenüber beschämenden Aussagen der vorkonziliaren Zeit: Mann und Frau sind von gleicher personaler Würde; die gesellschaftliche Stellung der Frau muss in vielen Bereichen gehoben und darf nicht beeinträchtigt werden.

Dennoch kennzeichnet ein gewisses Zögern die Sätze: die der Frau „gemäße Rolle", „berechtigte gesellschaftliche Hebung". Hinter diesem Zögern stehen wohl von Männern geprägte ideologische Vorstellungen, die die offizielle Kirche bis heute daran hindern, die Frau auch innerhalb der Kirche als gleichberechtigte Partnerin des Mannes anzuerkennen.

Johannes XXIII. hatte bereits 1963 die Frauenbewegung als ein „Zeichen der Zeit" erkannt. Zu fragen ist bei solchen „Zeichen", ob darin der Kirche nicht das Antlitz Jesu entgegentritt. Man hat nicht den Eindruck, dass das Konzil und die nachfolgende Amtskirche dieses Zeichen aus einer kontemplativen Haltung heraus wirklich gelesen und verstanden hat. Zwar gab es einige theologische Äußerungen von Theologen und sogar von Bischöfen und Bischofskonferenzen, doch blieben sie ohne Einfluss auf das Zentrum der Kirche. Zudem gab es eine Stellungnahme der päpstlichen Bibelkommission, die mit 12 zu 5 Stimmen erklärte, dass das Priestertum der Frau der Grundintention Jesu in keiner Weise widerspricht. Der Jesuit und Exeget David Stanley, der bei diesen Beratungen dabei war, sagt es deutlich: „Die Glaubenskongregation hat ihre eigenen biblischen Argumente konstruiert, die nichts mit dem zu tun haben, was wir vorlegten."[11] Wenn dann Papst Johannes Paul II. die Diskussion beendet und sogar eine weitere Diskussion verbietet, kann man nur den Kopf schütteln. Und wenn noch 2013 im Vorfeld der Papstwahl konservative Kreise argumentieren, dass die Frage durch die Entscheidung des Papstes endgültig geklärt sei, dann muss man an ihrer theologischen Vernunft zweifeln.

Selbstverständlich hat sich Franziskus nicht direkt zu dieser Frage geäußert. Dennoch lassen sich einige Schlüsse ziehen, die aus der Sackgasse herausführen, in welche wir durch eine unerleuchtete Amtstheologie geraten sind. Für Franz von Assisi ist klar, dass sich Mann und Frau zueinander geschwisterlich verhalten. In seinem Sonnengesang ordnet er die ganze Schöpfung auf der Grundlage der geschwisterlichen bzw. geschlechtlichen Beziehungen. Die gegenseitige Bezogenheit des Männlichen und des Weiblichen ist für die Schöpfung konstitutiv: Nur im gemeinsamen geschwisterlichen Vollzug des Menschlichen werden Mann und Frau sein, was sie vor Gott sind.

Freilich steht Franziskus noch in der Tradition, die erst durch die Entdeckung des Eisprungs und dessen Bedeutung im Jahre 1842 durch den Physiologen Theodor von Bischoff beendet wurde. Der Mann ist bis zu diesem Zeitpunkt der aktive Part, die Frau die passive Partnerin. Das aktive Licht der Sonne (= männlich) wird vom Mond (= weiblich) gespiegelt; das Wasser (= weiblich) nimmt den Wind (= männlich) durch ein sanftes Kräuseln oder durch stürmische Wellen auf; die Erde (= weiblich) muss durch das Feuer (= männlich) gehen, um Bestand zu haben; der

11 zum Ganzen vgl. F. Nikolasch, Priestertum der Frau, in: SaThZ 6 (2002) 209–234

Tod (= weiblich) wird durch die Liebe (= männlich) überwunden. Auf dieser biologischen Grundlage kann selbstverständlich nur der Mann Christus bzw. Gott repräsentieren.

Diese in ihren Konsequenzen gefährlichen Zuordnungen wurden durch die Entdeckung des aktiven weiblichen Beitrages im Prozess des Entstehens menschlichen Lebens endgültig außer Kraft gesetzt. Wohin ein solches Denken führt, zeigt etwa der kirchliche Prozess in Mailand gegen Mayfreda und ihr Gefolge im Jahr 1300, die Wilhelmina, die Schwester der hl. Agnes von Prag, für die „Inkarnation Gottes im Fleisch der Frau" hielten.[12] Die Menschwerdung als Mannwerdung zu begreifen, führt zu unsinnigen theologischen Folgerungen sowohl auf der Seite der Männer wie auf der Seite der Frauen. Interessant ist übrigens die unterdessen überholte Meinung von Theodor von Bischof: „Die Beschäftigung mit dem Studium und die Ausübung der Medizin widerstreitet und verletzt die besten und edelsten Seiten der weiblichen Natur, die Sittsamkeit, die Schamhaftigkeit, Mitgefühl und Barmherzigkeit, durch welche sich dieselbe vor der männlichen auszeichnet."[13] Die diskriminierenden Aussagen des Vatikans zur Gleichstellung der Frau werden sich in einigen Jahren als ebenso lächerlich darstellen.

Von Franziskus her ergibt sich aber noch eine andere Spur: In seiner ersten Ermahnung sieht Franziskus das Amt des Priesters als Spiegelung Marias. Wie diese „in ihrem Schoß" die erdgebundene Gestalt Gottes (Jesus) auf-

---

12 Luisa Muraro, Villemina und Mayfreda, Freiburg i. Br. 1987; dies., Der Gott der Frauen, Berlin 2009
13 http://de.wikipedia.org/wiki/Theodor_Bischoff

nimmt, so nimmt auch der Priester „in seinen Händen"
die sich an Brot und Wein bindende Gegenwart Christi
entgegen, um sie „anderen auszuteilen". Die Modellge-
stalt des Priesters ist also Maria, die Mutter Gottes, der
Priester also nicht mit Christus gleichzusetzen. Auf dieser
Ebene könnte auch das erneute Nachdenken über das
Amtsverständnis zu anderen Ergebnissen kommen, zumal
Franziskus auch an anderer Stelle von Männern und Frauen
schreibt, dass sie Mütter Gottes sind: „Mütter sind wir,
wenn wir ihn durch die göttliche Liebe und ein reines und
lauteres Gewissen in unserem Herzen und Leibe tragen;
wir gebären ihn durch ein heiliges Wirken, das anderen
als Vorbild leuchten soll. O, wie ehrenvoll ist es, einen heiligen und großen Vater im Himmel zu haben! O, wie heilig, als Tröster einen solch schönen und wunderbaren
Bräutigam zu haben! O, wie heilig und wie erfreulich,
einen solch wohlgefälligen, demütigen, Frieden stiften-
den, süßen, liebevollen und über alles ersehnenswerten
Bruder und einen solchen Sohn zu haben: unseren Herrn
Jesus Christus, der sein Leben für seine Schafe hingege-
ben hat" (2 Gl 10 ff.).

Auf dieser Grundlage lässt sich das innerkirchliche Ver-
hältnis von Mann und Frau anders bestimmen. Eine se-
xistische Diskriminierung in der Kirche ist weder theolo-
gisch noch praktisch möglich.

Widerspruch zur herrschenden Wirtschaftstheorie und –praxis:

eine Wirtschaft, die dem Leben dient

Im Wirtschaftsleben sind die Würde der menschlichen Person und ihre ungeschmälerte Berufung wie auch das Wohl der gesamten Gesellschaft zu achten und zu fördern, ist doch der Mensch Urheber, Mittelpunkt und Ziel aller Wirtschaft. ...

Nicht wenige Menschen, namentlich in den wirtschaftlich fortgeschrittenen Ländern, sind von der Wirtschaft geradezu versklavt, so dass fast ihr ganzes persönliches und gesellschaftliches Leben von ausschließlich wirtschaftlichem Denken bestimmt ist, und dies ebenso in Ländern, die einer kollektivistischen Wirtschaftsweise zugetan sind, wie in anderen. Gerade zu der Zeit, da das Wachstum der Wirtschaft, vernünftig und human gelenkt und koordiniert, die sozialen Ungleichheiten mildern könnte, führt es allzu oft zu deren Verschärfung, hie und da sogar zur Verschlechterung der Lage der sozial Schwachen und zur Verachtung der Notleidenden. Während einer ungeheuren Masse immer noch das absolut Notwendige fehlt, leben einige – auch in zurückgebliebenen Ländern – in Üppigkeit und treiben Verschwendung. Nebeneinander bestehen Luxus und Elend. Einige wenige erfreuen sich weitestgehender Entscheidungsfreiheit, während viele fast jeder Möglichkeit ermangeln, initiativ und eigenverantwortlich zu handeln, und sich oft in Lebens- und Arbeitsbedingungen befinden, die des Menschen unwürdig sind (Gaudium et spes 63).[14]

In ihrem Buch „Wie viel ist genug? Vom Wachstumswahn zu einer Ökonomie des guten Lebens" setzen die anglikanischen Ökonomen Robert und Edward Skidelsky große Hoffnung auf die katholische Kirche und ihren geistigen Sachverstand in Sachen Wirtschaft. Sie stützen sich dabei auf die aristotelische Tugend des Maßhaltens. Tatsächlich

14 Aus: Karl Rahner/Herbert Vorgrimler, Kleines Konzilskompendium
© Verlag Herder GmbH, Freiburg i. Br. 2008

kommt den wirtschaftsbezogenen Stellungnahmen des Konzils und den weiterführenden Stellungnahmen des Vatikans eine überragende prophetische Bedeutung zu.

Das Konzil stellt den Menschen und seine Würde in den Mittelpunkt des wirtschaftlichen Gebarens. Es geht letztlich darum, dass alle Menschen gut leben können. Aristoteles, auf den sich die kirchliche Position stützt, unterschied zwei Formen des Wirtschaftens: eine gute und eine schlechte. Die gute stellt allen ökonomischen Sachverstand unter das Kriterium der Mehrung des Lebens, die schlechte unter dasjenige der Akkumulation von Geld und Gütern. Seit einigen Jahrzehnten bestimmt die Logik des Geldes die Ökonomie. Die schrecklichen Folgen werden bereits vom Zweiten Vatikanischen Konzil an den Pranger gestellt. Die zurückliegende und noch andauernde Finanz-, Banken- und Schuldenkrise ist das Ergebnis dieser Logik bzw. der schlechten Form des Wirtschaftens.

Auch Franz von Assisi könnte innerhalb einer falsch verstandenen Ökonomie als sinnstiftende Alternative gesehen werden.

1. Das sinnvolle und gute Leben hat mit Anhäufung von Geld und Besitz nichts zu tun. Das Leben trägt seinen Sinn in sich selbst. Geld und Güter können sogar das wahre Leben hindern, die Freiheit einengen und die Seele töten. Franziskus hat deshalb nicht nur auf Akkumulation verzichtet, sondern viel grundsätzlicher auf das Haben- und Besitzenwollen. Der Habsucht und Gier setzte er die Armut und die Freiheit entgegen. Natürlich kann mit einer solchen Haltung kein Unternehmer leben, aber der Geist, der dahintersteht, ist umso dringlicher. So hat Walter Dirks bei seinen ökonomi-

schen und gesellschaftlichen Überlegungen nach der Katastrophe des Zweiten Weltkrieges auf Franziskus verwiesen. Seine eigentliche Bedeutung bestünde darin, der Welt zu zeigen, wie man wahrhaft reich sein kann.

2. Das Geld floh Franziskus wie der Teufel das Weihwasser. Tatsächlich war das Geld für ihn eine Art Sakrament des Bösen. Er sah, welche verheerenden Auswirkungen von ihm ausgingen: überall Bettler, Arme. Darum war die zentrale Frage, die ihn und viele andere damals bewegte: Wie kann man unter den Bedingungen der Geldwirtschaft wahrhaft Christ sein? Er konnte damals noch zwischen Geld und Gütertausch wählen. Wir können es nicht mehr. Dennoch müssen wir uns fragen, was denn das Geld ist. Es ist in materieller Hinsicht ein Nichts, es hat nur jenen Wert, den wir ihm zumessen, persönlich, aber auch gesellschaftlich. Wir können den Weg der Dämonisierung nicht mehr gehen. Aber wir sollten umso mehr der Vergöttlichung des Geldes entgegenwirken. Es gibt auch heute Wege des Tausches von Leistungen, genossenschaftlich organisierte Tauschformen, die nicht über das Geld laufen. Es gibt sie übrigens schon, diese „Talentwirtschaft", die den Handel mit Geld abschafft und Negativzinsen fordert für den Fall, dass jemand eventuell aufkommendes Einkommen hortet. Erst recht ist dem Börsengang und der Spekulation mit einem grundsätzlichen Vorbehalt zu begegnen.

3. Für Franziskus war zwar der gerechte Lohn eine Selbstverständlichkeit. Dennoch hat er Lohn und Arbeit entkoppelt. Die Arbeit trägt ihren Sinn in sich, sie wird nicht erst durch den Lohn sinnvoll. Auch war es ihm

klar, dass der Arbeiter seine Arbeit im Rahmen seiner Verantwortung „gut" macht. Er würde nur den Kopf schütteln, wenn jemand für gute Arbeit noch extra bezahlt werden müsste. Das ist eine Beleidigung der Arbeit der anderen und ein haltloser Vorwurf für alle, die ganz selbstverständlich ihre Arbeit leisten. Dann müssten alle, welche ihre Arbeit durch Umstrukturierung verlieren, für diesen „Verzicht auf Arbeit" ebenso bezahlt werden wie die entlassenen Manager. Und dass jemand für verantwortungsvolle Arbeit nochmals um ein gegenüber den anderen unendlich Vielfaches bezahlt werden soll und dass gewissen Menschen ein „Marktwert" zukommt, wäre für Franz von Assisi eine Entwürdigung des Menschen – sowohl dessen, der sich auf einen Marktwert bezieht, wie auch derer, die ganz schlicht ihre Arbeit tun.

Natürlich wären hier noch andere Aspekte zu beschreiben, zum Beispiel Fragen im Zusammenhang von Arbeit und Konsum.

Mit der Armut im Geiste, welche wahre Demut ist, stimmte bei Klara die Armut an allen Dingen überein. Daher ließ sie am Anfang ihrer Bekehrung zuerst ihr väterliches Erbe, das ihr zukam, veräußern. Für sich behielt sie nichts von dem Erlös zurück, alles teilte sie den Armen aus. Nachdem sie von jetzt an die Welt draußen gelassen hatte, im Inneren des Herzens aber reich geworden war, eilte sie unbelastet, ohne Geldtasche, Christus nach. Schließlich schloss sie einen solch innigen Bund mit der heiligen Armut und liebte sie so sehr, dass sie nichts haben wollte außer den Herrn Jesus Christus und auch ihren Töchtern nichts zu besitzen erlaubte. Sie meinte, man könne in keiner Weise die kostbarste Perle himm-

lischer Sehnsucht, die sie durch den Verkauf all ihrer Güter erwor-
ben hatte, zusammen mit der nagenden Sorge um zeitliche Dinge
besitzen (LebKlar 12 KQ 307).

Wider den Konsumismus:

Eine Kultur des Teilens und der Solidarität

„Die Verhaltensmuster, nach denen der Mensch die Umwelt behandelt, beeinflussen die Verhaltensmuster, nach denen er sich selbst behandelt, und umgekehrt. Das fordert die heutige Gesellschaft dazu heraus, ernsthaft ihren Lebensstil zu überprüfen, der in vielen Teilen der Welt zum Hedonismus und Konsumismus neigt und gegenüber den daraus entstehenden Schäden gleichgültig bleibt. Notwendig ist ein tatsächlicher Gesinnungswandel, der uns dazu anhält, neue Lebensweisen anzunehmen, ‚in denen die Suche nach dem Wahren, Schönen und Guten und die Gemeinschaft mit den anderen Menschen für ein gemeinsames Wachstum die Elemente sein sollen, die die Entscheidungen für Konsum, Sparen und Investitionen bestimmen'. Jede Verletzung der bürgerlichen Solidarität und Freundschaft ruft Umweltschäden hervor, so wie die Umweltschäden ihrerseits Unzufriedenheit in den sozialen Beziehungen auslösen. Die Natur ist besonders in unserer Zeit so sehr in die Dynamik der sozialen und kulturellen Abläufe integriert, dass sie fast keine unabhängige Variable mehr darstellt. Die fortschreitende Wüstenbildung und die Verelendung mancher Agrargebiete sind auch Ergebnis der Verarmung der dort wohnenden Bevölkerungen und der Rückständigkeit. Durch die Förderung der wirtschaftlichen und kulturellen Entwicklung jener Bevölkerungen schützt man auch die Natur. Wie viele natürliche Ressourcen werden zudem durch Kriege zerstört! Der Friede der Völker und zwischen den Völkern würde auch einen größeren Schutz der Natur erlauben. Das Aufkaufen der Ressourcen, besonders des Wassers, kann schwere Konflikte unter der betroffenen Bevölkerung hervorrufen. Ein friedliches Einvernehmen über die Nutzung der Ressourcen kann die Natur und zugleich das Wohlergehen der betroffenen Gesellschaften schützen"* (Benedikt XVI., Caritas in veritate 51).

Vergeblich sucht man in den Dokumenten des Zweiten Vatikanischen Konzils den Begriff des Konsums, geschweige denn den des „Konsumismus". Seither ist das Problembewusstsein im Kontext des Konsums gewachsen, so dass auch Papst Benedikt XVI. nicht darum herumkam, das natur- und menschenschädigende Konsumverhalten anzuprangern und auf nichtverbrauchende Lebensformen hinzuweisen.

Letztlich geht es um eine Kultur des Teilens und der Solidarität, wie sie Franz von Assisi mit seinem Armuts- und Schöpfungsverständnis vorschwebte. Beides verlangt gebieterisch eine „Kunst der Reduktion und des Verzichts" im Namen der Lebendigkeit des Menschen und der nichtmenschlichen Lebensformen. Zu bedenken sind unter anderem folgende Aspekte:

1. Der Vorrang nichtverbrauchender Tätigkeiten gegenüber der Arbeit: So selbstverständlich diese für Franziskus ist, sie darf nie zum Verbrauch des eigenen Inneren, der Seele und der Kräfte des Herzens führen (BR 5). Wichtiger als Arbeit ist ihm die „devotio", was mit „Andacht" oder „Hingabe" übersetzt wird. Man könnte aber auch von „personaler Präsenz" sprechen oder von den Fähigkeiten der „Anteilnahme", der „Aufmerksamkeit" und der existenziellen „Wahrnehmung" des Geheimnischarakters, der allem Geschaffenen eingestiftet ist. Noch tiefer formuliert Franziskus, wenn er sagt, dass „der Geist des Gebetes" nicht ausgelöscht werden darf. Mit anderen Worten: Der Mensch vollzieht sein Wesen letztlich nur, wenn er sich selbst ins Unendliche hinein übersteigt. Er bewahrt sich selbst nur, wenn er in der Transzendenz wurzelt, in jenem Du Gottes, das ihn zur Person mit unantastbarer Würde macht. Nur unter dieser Voraussetzung frisst ihn die Arbeit nicht

auf. Beides gilt ausdrücklich auch für die geistige Arbeit, das Studium der Theologie (Ant).

Das Ausgebranntsein, unter dem heute so viele leiden müssen, ist das Ergebnis des auf sich selbst gerichteten Konsumismus. Meditation, Sehen, Hören, Singen, Musizieren, Kosten, Kontemplation, Gebet, Nachdenken ... – das alles gehört zu einem zufriedenstellenden, ja genießenden Lebensvollzug, ohne dass man sich selbst, Güter, Tiere und andere Menschen verbraucht. Franziskus definiert das Menschsein des Menschen also nicht über die Arbeit, sondern über das, was ihr vorausliegt.

2. Der Gegensatz zur Arbeit, zum Beschäftigtsein (= negotium) ist die Muße (= otium). In der monastischen und aszetischen Tradition ist die Muße leider einseitig negativ definiert worden. Sie wird als das Einfallstor der Dämonen diffamiert, auch durch Franziskus, der von ihr als der „Feindin der Seele" (RB 5) spricht und dabei Hieronymus und Benediktus zitiert. Diese Einordnung der Arbeit bzw. der Muße in eine lange Geschichte verlangt nach einer Korrektur. Denn in der Antike wurde die Muße positiv beschrieben. Sie ist der Ausdruck der Freiheit, der Ort der Inspiration und der erfahrenen Würde, während die Arbeit den Sklaven zugeordnet und als banausisch abgetan wurde.

Dieser Auffassung wurde im Christentum in einem allmählichen Prozess zu Recht grundsätzlich widersprochen. Dieser Widerspruch bezieht sich sowohl auf die gesellschaftliche Unterscheidung von Freien und Sklaven als auch auf das Verständnis der Arbeit selbst. Aber noch im 5. Jahrhundert gehören die „artes mechanicae", die verschiedenen Arbeits-

und Handwerksformen, noch nicht zu den Tätigkeiten, die man Gott als Gabe anbieten konnte. Diese Würde erreichen sie mentalitätsgeschichtlich erst im 9. Jahrhundert. Und Franziskus spricht nun von „der Gnade zu arbeiten" (RB 5) und von der Selbstverständlichkeit, sich auch durch schwerste Arbeit mit den niedrigen Gesellschaftsschichten zu solidarisieren (Test 21). Das war über die Jahrhunderte ein christliches Zeugnis. Mit der Zeit jedoch wird die Gesellschaft so weit gehen und den Menschen ausschließlich über die Arbeit definieren. Nur wer arbeitet, ist Mensch, ein Arbeitsloser fühlt sich nicht als voller Mensch.

Angesichts der Tatsache, dass es Arbeit für alle wohl nicht mehr geben wird und dass Arbeit im Übermaß Konsumgüter produziert und so die zur Verfügung stehenden Ressourcen um ein Drei- bis ein Achtfaches übersteigt, muss die Arbeitszeit radikal reduziert werden. So stellt sich die große Aufgabe für Orden und Kirche, den Menschen nicht mehr durch Arbeit zu definieren, sondern durch die oben genannten nicht verbrauchenden Tätigkeiten. Dies wäre auch die Chance, die ihm heute geschenkt ist.

„Jene Brüder, denen der Herr die Gnade gegeben hat, arbeiten zu können, sollen in Treue und Hingabe arbeiten, und zwar so, dass sie den Müßiggang, den Feind der Seele, ausschließen, aber den Geist des heiligen Gebetes und der Hingabe nicht auslöschen, dem die übrigen zeitlichen Dinge dienen müssen" (BR 5).

Wider die Klimakrise:

Ein schöpfungsorientierter Lebensstil

1. ... Die Frage des ökologischen Gleichgewichts, des Umweltschut-
zes, der Ressourcen und des Klimas ist damit zu einer drängenden
Sorge geworden, welche die gesamte Menschheit betrifft und deren
Lösung weit über den nationalen Rahmen hinausgeht ...

49. Die zweite Neigung, die allen Lebewesen gemeinsam ist,
betrifft das Überleben der Art, das sich durch Fortpflanzung reali-
siert. Die Fortpflanzung schreibt sich ein in die Verlängerung des
Hangs zur Beharrung im Sein. Wenn die Dauerhaftigkeit der bio-
logischen Existenz für das Individuum selbst unmöglich ist, so ist
sie doch möglich für die Art, und auf diese Weise findet sich gewis-
sermaßen die allem physischen Sein innewohnende Grenze über-
wunden. Das Wohl der Art erscheint so als eine der grundlegenden
Bestrebungen, die der Person innewohnen. Wir werden uns dessen
heutzutage besonders bewusst, da gewisse Perspektiven wie die Kli-
maerwärmung unseren Sinn für Verantwortlichkeiten gegenüber
unserem Planeten als solchem und insbesondere gegenüber dem
Menschengeschlecht schärfen. Diese Öffnung für ein gewisses Ge-
meinwohl der Art kündigt bereits bestimmte Bestrebungen an, die
dem Menschen eigen sind. Der Antrieb zur Fortpflanzung ist in-
nerlich verbunden mit der natürlichen Hinneigung des Mannes zur
Frau und der Frau zum Mann, die eine universal anerkannte Tat-
sache in allen Gesellschaften darstellt. Dasselbe gilt für die Neigung
zur Sorge für die Kinder und für deren Erziehung. Diese Neigun-
gen implizieren bereits, dass die Beständigkeit des Paares aus Mann
und Frau, ja sogar ihre gegenseitige Treue als Werte anzustreben
sind, selbst wenn sie in der geistigen Ordnung der interpersonalen
Gemeinschaft nicht voll zur Entfaltung kommen können (Internationale Theologenkommission).

In diesem Text der Internationalen Theologenkommission des Vatikans kommen Begriffe und entsprechende
globale Sorgen vor, die dem Zweiten Vatikanischen Kon-

zil noch unbekannt waren: die Klimakrise und das mögliche Überleben der menschlichen Art. Aber ob darin die ganze Dramatik, die damit gegeben ist, schon wirklich erkannt ist, ist zu bezweifeln.

Immer noch sind für viele Theologen und Gläubigen theologische Überlegungen und Ökologie Gegensätze und gehört das Engagement für die Natur, das Tier und die Artenvielfalt ausdrücklich nicht zum „Kerngeschäft der Kirche". Gerade die Zusammenschau aber ist ein dringendes Postulat heutiger Theologie. Das Geheimnis, das uns in Jesus aufscheint, darf nicht mehr gegen Natur und Schöpfung ausgelegt werden, sondern muss als deren Gipfel- und Tiefenereignis verstanden werden.

Franz von Assisi hat dies begriffen und es im zentralen Begriff der „humilitas" zusammengefasst. Die „Erdgebundenheit", wie man den lateinischen Begriff übersetzen muss, kennzeichnet nicht nur das Wesen des Menschen (= homo), sondern aufgrund der Inkarnation, der Einfleischung (!) auch Gott selbst. Ein möglicher Gegensatz zwischen Gott und Mensch bzw. Erde bzw. Fleisch (= vergängliches Leben) ist somit im Ansatz ausgehebelt. Franziskus hat dies im Sonnengesang liturgisch vollzogen und in seiner Ethik gefordert: Nicht nur dem Einzelnen, sondern auch dem Ganzen muss man gehorsam gegenüberstehen, sogar „den Bestien und wilden Tieren" (GrTug), weil sich in allem das Geheimnis Gottes offenbart.

Was mit der Erde und dem Klima bzw. mit den verschiedenen Lebensformen passiert, kann und darf also dem Menschen nicht gleichgültig sein – und dies erst recht aus theologischen und spirituellen Gründen. Für Erde, Klima und das Leben sind die Aussichten apokalyptisch schlecht. Die Erde wird durch den verbrauchenden Lebensstil der westlichen und zunehmend auch der Schwellenländer bis zu achtmal überstrapaziert. So gibt es viele, auch Wissenschaftler, welche das Ende der menschlichen Art in naher Zukunft voraussagen. Die Erde wird den Menschen entsorgen, sagen sie. Und was die Klimakatastrophe betrifft: Man will die Erhöhung der Erderwärmung mit entsprechenden politischen und wirtschaftlichen Maßnahmen um den Wert von zwei Grad unter Kontrolle halten. Aber bereits diese Erwärmung wird zu katastrophalen Folgen auch in den reichen Ländern führen.

Eine Veränderung des Konsums und der Mobilität ist zwingend notwendig. Leider wird sich eine solche nicht durch die freie Entscheidung der Einzelnen bewirken lassen. Es braucht – angesichts der Dringlichkeit und der Dramatik – gesetzliche Maßnahmen, die den Menschen zu einem verantwortlichen Verhalten zwingen. Der Agronomingenieur Simon Peter vom „Institut für Umweltentscheidungen" an der Eidgenössisch-Technischen Hochschule Zürich hat nachgewiesen, dass ein einziger Schweiz-weit durchgeführter vegetarischer Tag pro Woche bereits 6,6 Prozent Treibhausemissionen einsparen würde. Das politische Ziel, das sich die Schweizer Politik gesetzt hat, ist die Einsparung der Treibhausgase um 20 Prozent (gegenüber dem Stand von 1990) bis zum Jahr 2020. Warum es dann nicht tun? Warum es nicht gesetzlich einfordern? Die politische Zielsetzung wäre mit solchen Verbindlichkeiten mit einer erstaunlichen Leichtigkeit zu erreichen. Die Berufung auf die Freiheit des Menschen ist unter den gegebenen apokalyptischen Aussichten nicht nur ein Hohn, sondern eigentlich der Beweis größtmöglicher Unfreiheit und ein Ausdruck zwanghafter Bindungen! Das sei dem Liberalismus ins Stammbuch geschrieben.

Franziskus zeigt uns, was Freiheit wirklich ist. Jacobus de Voragine hat bereits gegen Ende des 13. Jahrhunderts seinen Namen so ausgedeutet: Franziskus – das heißt „frank und frei" sein, Franziskus wäre demnach ein wesentlich freier Mann, selbst im Verzicht noch. Freiheit bedeutet auch, sich in Freiheit zu den Notwendigkeiten bekennen, die uns das Leben aufträgt. Freiheit und Verantwortung gehören zusammen. Zu erinnern ist an Carl Améry, der dies in seiner berühmten „Hitlerformel" provozierend zum Ausdruck brachte: „Was wollen wir? Glauben wir, dass es immer so weitergehen wird? Wollen wir gar nicht wissen, dass es auch anders geht? Aber sobald man das Suffizienzproblem aufs Tapet bringt, gehen auch die alten Linken auf Distanz. Da heißt es gleich, jeder müsse frei entscheiden können. Dabei ist es ganz klar, dass man die biosphärischen Grenzen nur auf Todesgefahr passiert. Entweder kommt es zur Anwendung der Hitlerformel und jemand bestimmt, oder die Gesellschaft sucht würdevolle Wege, diese Verantwortung anzunehmen, um zur eigenen Überraschung festzustellen, dass sie sich durch die Beschränkung Freiheit erobert – Fluchtpunkt und Endpunkt: Franz von Assisi."

Wenn die Brüder Bäume fällten, verbot er ihnen, den Baum ganz unten abzuhauen, damit er noch Hoffnung habe, wieder zu sprossen. Den Gärtner wies er an, die Raine um den Garten nicht umzugraben, damit zu ihrer Zeit das Grün der Kräuter und die Schönheit der Blumen den herrlichen Vater aller Dinge verkündigten. Im Garten ließ er noch ein Beet mit duftenden und blühenden Kräutern anlegen, damit sie die Beschauer anregten, der ewigen Himmelslust zu gedenken.

*Vom Wege las er die Würmchen auf, dass sie nicht mit den Fü-
ßen zertreten würden. Den Bienen ließ er, damit sie nicht vor Hun-
ger in der Winterkälte umkämen, Honig und besten Wein hinstel-
len.*

*Mit dem Namen „Bruder" rief er alle Lebewesen, wenn er auch
von allen Tieren die zahmen bevorzugt liebte. Wer könnte hinrei-
chend alles aufzählen? Jene Urgüte, die einst alles in allem sein
wird, verklärte ja diesem Heiligen schon auf Erden alles in allem
(2 C 165).*

Wider die gewalttätige Ausbeutung:

Hütende Sorge und Zärtlichkeit

„Die Berufung zum Hüten … besteht darin, die gesamte Schöpfung, die Schönheit der Schöpfung zu bewahren, wie uns im Buch Genesis gesagt wird und wie es uns der heilige Franziskus von Assisi gezeigt hat: Sie besteht darin, Achtung zu haben vor jedem Geschöpf Gottes und vor der Umwelt, in der wir leben. … Im Grunde ist alles der Obhut des Menschen anvertraut, und das ist eine Verantwortung, die alle betrifft. Seid Hüter der Gaben Gottes!

Und wenn der Mensch dieser Verantwortung nicht nachkommt, wenn wir uns nicht um die Schöpfung und um die Mitmenschen kümmern, dann gewinnt die Zerstörung Raum, und das Herz verdorrt. In jeder Epoche der Geschichte gibt es leider solche „Herodese", die Pläne des Todes schmieden, das Gesicht des Menschen zerstören und entstellen.

Alle Verantwortungsträger auf wirtschaftlichem, politischem und sozialem Gebiet, alle Männer und Frauen guten Willens möchte ich herzlich bitten: Lasst uns ‚Hüter' der Schöpfung, des in die Natur hineingelegten Planes Gottes sein, Hüter des anderen, der Umwelt; lassen wir nicht zu, dass Zeichen der Zerstörung und des Todes den Weg dieser unserer Welt begleiten! Doch um zu „behüten", müssen wir auch auf uns selber Acht geben! Erinnern wir uns daran, dass Hass, Neid und Hochmut das Leben verunreinigen! Hüten bedeutet also, über unsere Gefühle, über unser Herz zu wachen, denn von dort gehen unsere guten und bösen Absichten aus: die, welche aufbauen, und die, welche zerstören! Wir dürfen keine Angst haben vor der Güte, ja, nicht einmal vor der Zärtlichkeit! … Zärtlichkeit (ist) nicht etwa die Tugend des Schwachen, nein, im Gegenteil: Sie deutet auf eine Seelenstärke hin und auf die Fähigkeit zu Aufmerksamkeit, zu Mitleid, zu wahrer Öffnung für den anderen, zu Liebe. Wir dürfen uns nicht fürchten vor Güte, vor Zärtlichkeit!" (Papst Franziskus, Predigt bei der Amtseinsetzung).

Ein neuer Ton zieht ein in die ökologische Debatte: Wir sollen die Schöpfung behüten und ihr mit Zärtlichkeit begegnen, sagt Papst Franziskus.

Mit starken Worten beschreibt er auch die Zerstörung, die unsere Geschichte durchzieht. Er spricht von den Herodesgestalten, welche nur Tötungsabsichten hegen. Und bezieht auch den vielfachen Tod mit ein, den sie nicht nur Menschen, sondern nicht zuletzt auch der Natur und den nichtmenschlichen Lebensformen bereiten, indem sie die Ressourcen gewalttätig ausbeuten. So viele Lebensarten sind ausgestorben. Nur noch selten hört man das wundervolle Lied der Lerche. Bald wird es vielleicht keine Bienen mehr geben. Auch viele Froscharten sind wegen der verwendeten Chemikalien vom Aussterben bedroht. Immer mehr Tiere in immer engeren Ställen und Gehegen werden einzig dafür gehalten, dem menschlichen Fraß zur Verfügung zu stehen. Legehennen sind bloße Legemaschinen und werden nach Ostern vergast. Schon beim Schlüpfen werden männliche Küken getötet. Die Lebensmittelproduktion bringt Leiden und Tod. Bewusste Täuschung der Konsumenten ist kein Einzelfall, von Lebensmittel-, vor allem von Fleischskandalen ist fast jede Woche zu berichten. Vielleicht ist übertrieben, was Prof. Harald Lemke bei einer Vorlesung an der Universität Salzburg vorgetragen hat, aber die Karikatur ist ja immer die Übertreibung einer tatsächlichen Gegebenheit: „Übertrüge man die Qualität des hierzulande hergestellten und verspeisten Fleisches auf Autos, käme das deutsche Schnitzel maximal als ein drittklassiger, stinkender, aber umso mehr spritfressender Golf daher. Wäre Fleisch Wein, hieße dies, dass sich die meisten Konsumenten tagein tagaus mit Fussel à la ‚Pennerglück' begnügen. Made in Germany bedeutet bei

Fleisch ungefähr so viel wie Made in China bei Spielzeug: Man kauft ein riskantes Billigprodukt. Wobei die meisten richtig tief in die Tasche greifen, wenn es ums Motoröl für ihr Fahrzeug geht; hingegen kann Speiseöl, das man immerhin jeden Tag für den eigenen Verbrennungsmotor ‚nachtankt‘, nicht billig genug sein."[15]

Auch der Mensch wird je länger, je mehr nur noch als „Humankapital" erkannt und unter den Bedingungen seines ausbeutbaren „Materialwertes" betrachtet. Es gibt Länder, die bereits heute einem 60-Jährigen gewisse medizinische Leistungen verweigern, wenn seine Arbeitskraft voraussichtlich deren Kosten nicht mehr erbringen wird.

Die diabolische Zerstörung der Lebensgrundlagen, die gewalttätige Ausbeutung der Erde, die nekrophilen Absichten der Herodesgestalten sind immer noch die bestimmenden Kräfte der heutigen Ökonomie.

Diesen Herodesgestalten setzt der Papst die behütende Sorge und die Zärtlichkeit gegenüber, die man nicht nur dem Freund und der Freundin gegenüber zeigen sollte, sondern grundsätzlich jeder Kreatur. Auch da kann der Papst auf Franz von Assisi verweisen. Zärtlichkeit als intime Verhaltensweise ist also auszuweiten auf alles, was ist, und übertrifft die Kategorien der Bewahrung, der Schonung, des Respektes, der Achtsamkeit um ein Vielfaches. So wichtig diese Verhaltensweisen sind und sosehr sie zu fördern und zu fordern sind, sie lassen immer noch Ausnahmen, Einschränkungen zu. Zärtliche Freundschaft jedoch ist bedingungslos, ist reinstes Wohlwollen, ein Verhalten, das nichts für sich selbst verlangt, sondern nur das

15 Harald Lemke, Das Fleisch der Zukunft, in: Epikur – Journal of Gastrosophie (Universität Salzburg), Internetzeitschrift

Wohlsein des anderen sucht. Wer mit einem Huhn zärtlich umgeht, wird es nicht mehr töten und essen können.

Die zärtliche Freundschaft gegenüber allem Lebendigen, ja selbst gegenüber der toten Materie, kann in den Quellen zum Leben des Franz von Assisi konstant festgestellt werden.

Am eindrücklichsten ist wohl jene Geschichte, in der er sich nackt auf den nackten Boden legen lässt, um so mit der Erde verbunden zu sterben. Aus der Erde ist er genommen, Erde soll er sein bis zum Tod und mit diesem wieder zur Erde zurückkehren. Und dann sagt er, man möge ihn, wenn er denn gestorben sei, so lange auf der Erde liegen lassen, wie man braucht um „suaviter", sanft und zärtlich, eine Meile zu gehen (LM 14,4). Zärtlichkeit geht von der Erde aus, als Mensch schuldet man ihr die Sanftheit der Berührung. Das Barfußgehen des Franziskus ist auch unter dem Aspekt der Zärtlichkeit und der bleibend intimen Verbundenheit zu sehen. Er will durch seinen Auftritt nicht verletzen. „Nicht schaden wollen" (in-nocentia) ist eine der hauptsächlichsten Bestrebungen des Heiligen. Sogar über Felsen ging er äußerst behutsam, auf Wassertropfen, die beim Händewaschen auf den Boden fielen, wollte er nicht treten – aus Angst, sie könnten sich seinetwegen verletzt fühlen (Per 88), einen Vogel, der sich zärtlich in seine Hand schmiegte, forderte er zärtlich auf, wieder die Freiheit zu genießen (2 C 167). Auch die berühmte Vogelpredigt wird als Ausdruck der Zärtlichkeit verstanden: „Es war ja wirklich wunderbar, dass selbst die vernunftlosen Geschöpfe die herzliche Zuneigung erkannten, die der Heilige gegen sie hegte, und seine zärtliche Liebe ahnten" (1 C 58 f). Überhaupt kann man die Tiergeschichten des hl. Franz, aber auch das ganze Verhalten zu den Geschöpfen unter dem Aspekt der zärtlichen Begegnung lesen (vgl. A. Rotzetter, Die Freigelassenen – Franz von Assisi und die Tiere).

Selbstverständlich bestimmt die Zärtlichkeit auch das Verhalten zu den Menschen: Mit „süßem Austausch und herzlicher Zweisprache" begegnete er zwei Brüdern aus Frankreich (2 C 181), einen Kranken umarmte und herzte er (Fior 27), einen anderen, dem das Fasten nicht bekam, bereitete er ein frugales, aber köstliches Mahl, und damit er sich nicht schämte, nahm Franziskus den ersten Bissen (LM 5, 8). Berühmt ist die Geschichte von der stundenlangen Umarmung, in der sich Bruder Ägidius und Ludwig IX., der König von Frankreich, wortlos verstanden. Zur Rede gestellt, warum sie denn nicht miteinander redeten, gab Ägidius zur Antwort: „Liebste Brüder, wundert euch nicht darüber, denn weder ich noch er konnten zueinander auch nur ein einziges Wort sprechen. Sobald wir uns nämlich umarmt hatten, da enthüllte und offenbarte das Licht der göttlichen Weisheit mir sein Herz und ihm das meine. Da wir also durch göttliches Wirken einander in die Herzen schauten, erkannten wir das, was ich ihm und er mir sagen wollte, weit besser und mit größerer Tröstung, als wenn wir es mit dem Mund ausgesprochen hätten. Wenn wir mit unserer Stimme hätten ausdrücken wollen, was wir im Herzen spürten, hätte uns dies wegen der Unzulänglichkeit der menschlichen Sprache, welche die verborgenen Geheimnisse Gottes nicht deutlich auszudrücken vermag, mehr Traurigkeit als Trost bereitet. Ihr sollt also wissen und dessen versichert sein, dass der König auf wunderbare Weise getröstet von mir ging" (Fior 34).

In diesem Text zeigt sich die Tiefendimension, die in der Zärtlichkeit liegt, nicht nur in der menschlichen Begegnung, sondern auch in der Zärtlichkeit gegenüber Tieren, Pflanzen, Steinen. Zärtlichkeit ist letztlich Offenbarung des Wesentlichen.

Die gleiche Liebe und Zärtlichkeit hegte er auch gegen die Fische, die er, wenn sich ihm Gelegenheit bot, nach dem Fange wieder lebendig ins Wasser warf mit der Mahnung, sie sollten sich hüten, ein zweites Mal gefangen zu werden. – Als er eines Tages auf dem See von Rieti in der Nähe eines Hafenplatzes in einem Schifflein saß, fing ein Fischer gerade einen großen Fisch von der Art, die im Volksmund Schleie heißt, und bot ihn von Herzen dem Heiligen an. Heiter und freundlich nahm dieser den Fisch und begann ihn Bruder zu nennen. Er setzte ihn außerhalb des Schiffleins ins Wasser und fing an, andächtig den Namen des Herrn zu preisen. Und jener Fisch spielte eine Zeitlang, nämlich solange Franziskus im Gebete verharrte, neben dem Schifflein im Wasser und wich nicht von der Stelle, bis der Heilige Gottes nach seinem Gebet ihm die Erlaubnis gab wegzuschwimmen (2 C 61).

Wider die falsch verstandene Globalisierung:

Hoffnung für alles, was geschaffen ist

79. „Diese Verantwortung erstreckt sich auch auf die Tierwelt. Tiere sind Geschöpfe Gottes, und nach der Bibel umgibt er sie mit der Sorge seiner Vorsehung (Mt 6,26). Die Menschen sollen sie mit Dankbarkeit entgegennehmen und geradezu eine eucharistische Haltung im Blick auf jedes Element der Schöpfung annehmen und Gott dafür danksagen. Einfach durch ihre Existenz preisen die Tiere Gott und geben ihm die Ehre: „Preist den Herrn, all ihr Vögel am Himmel; lobt und rühmt ihn in Ewigkeit! Preist den Herrn, all ihr Tiere, wilde und zahme; lobt und rühmt ihn in Ewigkeit!" (Dan 3,80–81). Außerdem schließt die Harmonie, die der Mensch im Ganzen der Schöpfung begründen oder wiederherstellen muss, seine Beziehung zu den Tieren ein. Wenn Christus in seiner Herrlichkeit kommt, wird er das Ganze der Schöpfung „rekapitulieren" in einem eschatologischen und endgültigen Moment der Harmonie"* (Internationale Theologenkommission über „Gemeinschaft und Dienstleistung", 2004).

Globalisierung ist heute eine unumstößliche Notwendigkeit geworden: Alle Güter dieser Erde gehören allen. Wir müssen in kosmischen Kategorien denken. Alles ist mit allem vernetzt. Solchen Sätzen kann ein Christ, vor allem einer, der sich auf Franziskus bezieht, von Herzen zustimmen. Er hatte ja eine globale Sicht der Welt, wie sein Sonnengesang eindrücklich beweist. Noch viel grundsätzlicher erhebt das Christentum Anspruch auf universale Geltung seiner frohmachenden Botschaft: „Geht hinaus in die ganze Welt, und verkündet das Evangelium allen Geschöpfen" (Mk 16,15). Deswegen wollte Franziskus durch die ganze Welt ziehen, um die Frohe Botschaft überallhin zu tragen, Frieden zu stiften und die bedingungslose Solidarität mit den Armen zu bezeugen. Er hat die Aussage Jesu als ethisches Postulat begriffen. Auch wir müssen dafür sorgen, dass eine so verstandene Globalisierung spirituell, ethisch, aber auch politisch nicht bloß eine utopische Vorstellung bleibt, sondern tatsächlich einer erlebbaren Wirklichkeit entspricht.

Freilich hat das Wort „Globalisierung", wenn es in der Wirtschaft gebraucht wird, einen sehr eingeschränkten Sinn. Im Grunde handelt es sich dabei um die universale Ausdehnung von egoistischen Gruppeninteressen auf die ganze Welt. In Tat und Wahrheit werden die Güter, die an sich allen gehören, von einigen Wenigen in Besitz genommen. Nach einer Studie des World *Institute for Development Economics Research* der Universität Helsinki sieht die Verteilung des Reichtums für die erwachsene Weltbevölkerung wie folgt aus: Wenn man das gesamte Weltvermögen mit einem Kuchen vergleicht und diesen auf zehn Personen verteilt, dann stehen einem einzigen Menschen 99 Prozent des Kuchens zu, während sich die anderen neun an einem Prozent „vergnügen" dürfen. Und wenn man die großen Weltkonzerne aus dem Blickwinkel der Marktbeherrschung anschaut, muss man feststellen, dass es nur ganz wenige gibt, die den Markt unter sich aufteilen. Das hat zur Folge, dass viele Völker und Menschen benachteiligt sind bzw. sogar unter Not und Elend zu leiden haben. Um ein weiteres Beispiel zu nennen: Angesichts der Bedeutung, welche heute Hühnerfleisch für die Ernährung hat, muss festgestellt werden, dass die Hühnerrasse keine Rolle mehr spielt. Vielmehr hat man das Huhn in der heutigen Ökonomie auf schnelles Wachstum und hohe Eierproduktion getrimmt. Das genetische Material liegt in den Händen von drei, vier multinationalen Konzernen.

Eine so verstandene Globalisierung führt nicht nur zu großer Ungerechtigkeit und grausamen Szenarien in der

Welt, sondern bei vielen Völkern auch zu Ohnmacht und Hoffnungslosigkeit, bei andern sogar zu Verzweiflungstaten und Terror. Zudem steht der egoistische Mensch im Zentrum, während Tiere, Pflanzen, Materie zum Objekt egoistischer Gier reduziert werden. Aber nicht nur der ökonomischen Betrachtungsweise ist diese Reduktion anzulasten. Auch philosophische und theologische Positionen sind über die Jahrhunderte von einer solchen Reduktion geprägt gewesen. Unterdessen hat man da und dort ökologische Gesichtspunkte integriert, wobei eigenartigerweise auch heute noch das Tier nur implizit in Erwägung gezogen wird. Das ist umso erstaunlicher, als das Tier in vielerlei Hinsicht mit dem Menschen verwandt ist.

Für die franziskanische Perspektive, welche auch den Stein und den Baum Bruder und die Sonne und die Schwalbe Schwester nennt, ist das oben zitierte Dokument der Internationalen Theologenkommission unter vielen Aspekten von Bedeutung:

1. Der Mensch muss „ein wissenschaftliches Verständnis des Alls erwerben, verantwortungsvoll für die natürliche Welt sorgen (Tiere und Umwelt eingeschlossen) und seine eigene biologische Integrität wahren."
2. Der Mensch lebt in einer „organischen" Verbundenheit mit der Natur und gehört mit allem Lebendigen zur „Biosphäre".
3. Der Mensch lebt eine „Herbergsexistenz", die Natur ist für ihn Herberge, die er nicht mutwillig zerstören darf.
4. Der Christ muss im Blick auf alle Geschöpfe und in besonderer Weise angesichts der Tiere eine eucharistische Haltung einnehmen.

5. Der Christ bezeugt eine Hoffnung, welche das ganze Universum einbezieht. Er überwindet den Dualismus, den die Tradition von der griechischen Philosophie übernommen hat. Nicht nur die Vernunftseele, also nicht nur der geistig-seelische Anteil des Menschen, wird in das ewige Leben eingehen. Aufgrund des biblischen Zeugnisses wird das ganze Universum in die „Herrlichkeit Gottes" einziehen und an der „Freiheit der Kinder Gottes" teilhaben. Nichts geht also verloren, weil Gott nichts erschafft, um es dann wegzuwerfen bzw. zu vernichten. Gott ist vielmehr Schöpfer, und was er erschafft, kann und muss in der Fülle Gottes ewigen Bestand haben. Alles wird in und durch Christus „rekapituliert", zusammengefasst, bewahrt und aufgehoben. Der Christ, besonders wenn er Franziskus folgt, wird also eine Hoffnung zur Geltung bringen wollen, die für den ganzen Globus gilt und für jeden Stein, jede Pflanze, jedes Tier und natürlich für jeden Menschen.

„Nachdem die Herrin Armut sehr ruhig und doch mäßig geschlafen hatte, stand sie eilends auf und bat, man möge ihr das Kloster zeigen. Die Brüder führten sie auf einen Hügel, zeigten ihr die ganze Welt, so weit man sehen konnte, und sprachen: Das ist unser Kloster, Herrin!" (Bund mit der Herrin Armut 30).

Abkürzungsverzeichnis

Ant = Brief an Antonius

BR = Bullierte Regel

Erm = Ermahnung

Fior = Fioretti

GrTug = Gruß an die Tugenden

Kler = Brief an die Kleriker

KQ = Klaraquellen

LebKlar = Leben der hl. Klara

LM = Legenda major

NbR = Nichtbullierte Regel

Ord = Brief an den Orden

Test = Testament

1 C = Erste Lebensbeschreibung des Thomas von Celano

2 C = Zweite Lebensbeschreibung des Thomas von Celano